縄文 秋田大湯土版に秘められた

縄文人の宇宙観

と

古代文明の起源

ろ かげと

東京図書出版

まえがき

1985（昭和60）年に複数の円孔のある長方形の「土版」が出土した。場所は約4000年前の縄文時代の遺跡とされる秋田県鹿角《かづの》市十和田の「大湯環状列石遺跡」からである。この6㎝×3・7㎝に過ぎない長方形の素焼き状の土塊（以下大湯土版《おおゆどばん》）は、約1万3000年間も続いた縄文時代に高度な文化・文明があった証しである。この縄文秋田大湯土版には、神秘な円孔、円孔点、四角い溝形状などの文様が描かれている。本書の目的は、これらの文様、形状に秘められている縄文人の宇宙観を探り、それらが古代文明一般の起源、ないし四大文明の起源ともつながっている可能性について探求することにある。

孔子に「温故而知新」（『論語』為政より）という言葉がある。縄文時代の、故《ふる》きを温《たず》ねることで、新しきを知る。より縄文時代を知ることによって、現代に生きる理念の如何《いか》を考えるための内省《ないせい》のヒントが得られるかもしれないとの思いにいたった。

従来から、私は、古代の文化・文明に強い関心を持っていたが、去る2018年3月に、古代史、特に古代中国の紅山文化（①・224頁）に造詣の深い中川寿郎先生から、紅山文化の原点は、古代中国の神話や伝説上の「龍馬河図《りゅうまかと》」にあるとの話をうかがった。また、中川先生に見せていただいた大湯土版の写真に書かれている模様も、〝河図〟と関連があるのではないかと述べられた。この大湯土版は、縄文時代後期の約４０００年（それ以上かもしれない）以前に古代縄文人の手によって作られたものだと見なしている、その技術力の高さに驚かされるとともに、大湯土版の模様構成を目にした時は、太陽信仰、陰陽五行、天円地方、星宿（星座）図形、天文現象、数列表現、疑似人形及び黄金比率などの文化・文明の要素のメッセージが、表裏に潜んでいることを、すぐさま直感した。大湯土版の模様は、古代中国の神話や伝説上の文明起源と言われる謎の動物である「龍馬河図」の「河図」と類似点があり、模様形式の理念とは同じではないか。

大湯土版と龍馬河図とは、円点模様の類似点があるといえども、両方の出所及び形成原理のいきさつは、いずれも不明である。龍馬河図は、よく、超古代文明の遺存や「無字天書」（文字のない天上界からの神物）・宇宙からのメッセージの暗号だと言われる。また、恒久の宇宙では、地球外文明との交流の〝鍵〟のような存在かもしれない宝物と連想される。それに、縄文秋田大湯土版の出自は、一体、どうなのであろう。縄文時代の大湯環状列石遺跡の存在さえ解明されずに、日時計、祭礼地、墓地、日月星観測地、宇宙人基地等々の諸説があったが、実に不明のままである。謎である以上、大湯土版も、超古代文明の遺存、天上界からの神物・宇宙からのメッセージの暗号だと思っては、気が遠くなる心境かもしれない。ただ、大湯土版の真相は知れば知るほど、縄文人の宇宙観を明かして、縄文時代は未開社会ではなく、高度な文化・文明の存在があったことを再確認されるべきではないか。

大湯土版は、縄文時代人の宇宙観の内容の表れであろう。

縄文時代の秋田大湯土版の発掘は、縄文文化をはじめ、その時代の世界各地の古代文化・文明とのつながりの解明に画期的な意義を有し、文化・文明を一層深く知るための糸口を与えるものと思われる。縄文時代については、文字のない時代であろうか、文字の記録がなく、神話や伝説の存在と歴史的事項との関連を確認することは困難である。縄文社会の物心両面の営みを理解するための方策は、限られている状況にある。縄文人の奇想に満ちた造物である土器、土偶がある種の手がかりを与えているが、その中で、特に奇抜な文化・文明の要素が示されている唯一の縄文秋田大湯土版の模様存在こそは、重要な意義を持っていると考えられる。

今まで龍馬河図との関連の探求を契機として、主に大湯土版の形態、模様をふまえ、古代史、考古学、東洋医学、神話、伝説などの日中両国の文献、史料、書籍、関連施設、遺跡遺存などの調査、研究、訪問をかさねてきた。また、多くの方々から助言や励ましのお言葉をいただいた。その結果、中国文明の核心である陰陽五行・天人合一の思想概念を考察しながら、縄文文化の遺存である大湯土版にあったリアルな文化・文明の表象模様について本書をまとめることができた。

本書は、第1章の大湯土版の発見から始まり、次に、中国文明のかなめである〝河図〟にまつわる中国の文明の起源について再確認し、続いて大湯土版のシンボリズムの表象模様に見えかくれしていた文化・文明の要素を取り上げた。最終章の第10章では、日の丸の旗のルーツを、縄文秋田大湯土版にさかのぼって探求する形で本書をしめくくっている。

約1万5000年前に青森・外ヶ浜町大平山元遺跡出土の「土器片」、もしくは約1万3000年前に長崎・佐世保市泉福寺洞窟遺跡出土の「豆粒文土器」から、始まったと言われている謎の多い縄文時代文化と、それに関連する古代文明、ないし四大文明の起源については、その専門家ではない私であるが、大湯土版を研究することで、縄文時代の人間像に魅了された。敢えて、縄文文化の真髄と思う大湯土版を本書の形で披露した。はなはだ恐縮だが、本文中の牽《けん》強《きょう》附《ふ》会《かい》と捉えられるかもしれない推理小説っぽい私見を始め、その議論に関しては、疑問が多々あると思われる。専門の諸賢を始め、読者の方々のご批判を賜りたい。

ろ　かげと

文化・文明の「ルーツを求めて」

ろさんは、中国伝統医学（中医学・東洋医学）の専門家で、古代の文化を研究されている。神話や伝説上の遠古時代に治水を成功し、のちに中国の夏王朝をたてた禹、禹王の末裔で、父は、中医学校長、中医病院長をされていたとのこと、また、本人も中国伝統医学整体療法院長として活躍しておられる。

私とろさんとの出会いは、ろさんが、私の研究している古代中国の紅山文化古玉に興味を持たれたことに始まる。私の家を訪ねて来られた時の会話の中で、私は、紅山文化の原点は〝河図〟にあると確信していたので、縄文時代の秋田大湯環状列石遺跡の土版を見た時、これは〝河図〟と関連があるのではないかと思ったことから、土版の写真を見せた。ろさんは、大変驚かれ、即座に土版は「北斗七星の存在で、龍馬河図の〝河図星宿〟の表象だ」と指摘された。ろさんは、この土版の研究をされることになった。

当時、東アジア大陸の東の端に住んでいた日本人（モンゴロイド）の遺跡から、ホモ・サピエンスの文明の始原を示す〝河図〟が発見されたことは、驚くべきことである。

この書は、秋田縄文時代の土版から、当時の人々の生き方を内容豊かに解き明かし、また、それが現代までにどのように受けつがれてきたかを示す、素晴らしい読み物だと思う。

元・全国大学書道学会会員
現・日本古代文化研究会会員
中川寿郎

縄文秋田大湯土版に秘められた

縄文人の宇宙観
と
古代文明の起源

目次

第3章 大湯土版と遠古時代中国神話……57

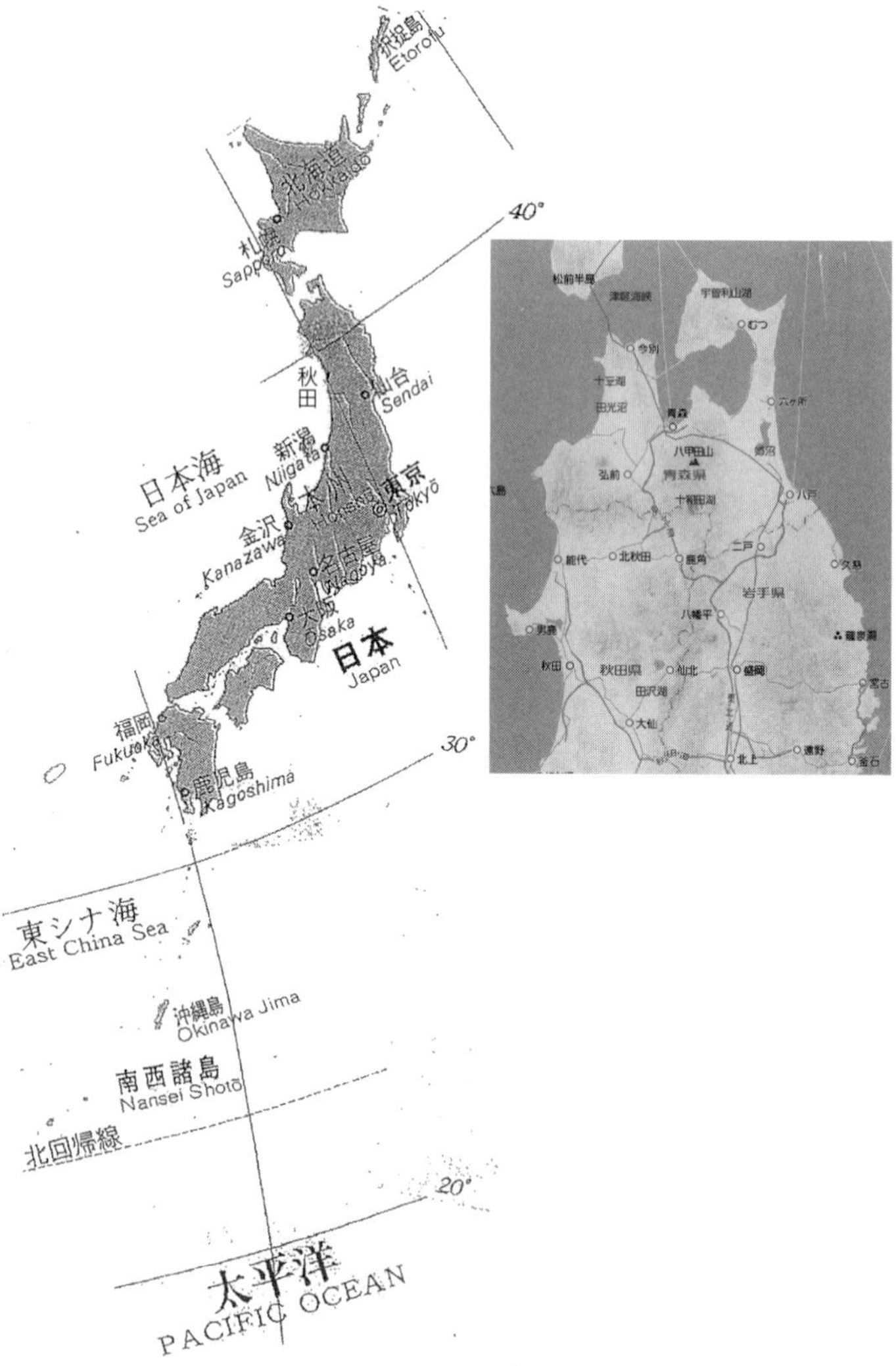

本書関連地図 —— 秋田県鹿角市・縄文大湯環状列石遺跡の地

第１章

縄文秋田大湯土版の発見

1　大湯土版・文明の光

人類の誕生、文化・文明の発生は、謎とされている。神の創造、宇宙人の到来、アフリカ、シベリアの起源説など。また、ダーウィンの進化論においてもその流れは、どうなっているかに関して様々な議論がある。それに加えて人類の移動、文化・文明の伝播は、西から東へ、北から南へというのが、通説とされている。

しかし、東アジア大陸の東の端に位置している日本には、人類の最も古い時期に作られていたと考えられる縄文時代の土器がある。遠古時代に文化・文明が存在していたことは明らかで、外来のものか、そうでないかは謎である。とりわけ、約４０００年（それ以上かもしれない）前の縄文文

図1-1　秋田県鹿角市の縄文後期大湯環状列石遺跡の全景

秋田県鹿角市教育委員会・写真提供

化の地のひとつであった、秋田県鹿角市十和田大湯環状列石（図1－1）の遺跡とともに出土した縄文時代の土版（以下、大湯土版《おおゆどばん》）は、そのミラクルな長方形体、円孔、円孔点、四角い溝形状の模様などこそ、文化・文明のルーツの一つの象徴である事は、間違いないと確信している。これらの模様は、文化・文明の要素として縄文時代の創作品の背景にあった縄文人の宇宙観を表しているのではないかと思われる。そこで、大湯土版の模様内包を研究することによって、縄文人の宇宙観を明らかにしようと思う。

古代日本縄文社会が生んだ秋田大湯土版は、縄文人の造物として、静かな遠古大地の中に佇み、再び文明の光を煌煌と輝かせることを目指して、現代人の来訪を待ちのぞみつづけていたのであろう！

※

1931（昭和6）年に秋田県鹿角《かづの》市十和田大湯において、縄文時代後期の大型配石遺跡が発見された。遺跡の大湯環状列石（図1－2）は、130mほど隔てた野中堂環状列石（図1－3）、万座環状列石（図1－4）の二つの環状列石を主体とする縄文時代後期（4000年ほど前）の大規模な遺跡である。これらの遺跡からは、呪術具とみられる土偶や土器がたくさん出土しており、なかには用途不明な造物もある。また、ここは、生者の活動の地であると同時に、死者の埋葬の地であり、生霊と亡魂がともに居る地でもあったそうである。

図1-2｜大湯環状列石

（撮影筆者）

図1-3｜**野中堂環状列石日時計状組石**

秋田県鹿角市教育委員会・写真提供

図1-4｜**万座環状列石ストーンサークル**

秋田県鹿角市教育委員会・写真提供

2 大湯土版・模様構成

１９８５（昭和60）年には、縄文時代の遺跡の大湯環状列石から、縄文人によって素焼きして作られたと思われる、複数の円孔、円孔点と表裏一体の四角い溝形状模様がある長方形土版（図１－５、図１－６）が出土した。図１－５は大湯土版前面と底面図で、図１－６は大湯土版背面図である。

図１－５の大湯土版前面と底面図に基づいて、図１－７大湯土版前面と底面構成図を作成した。下部に表裏一体の四角い溝形状に縄文模様があり、その上部に大円孔、左右の２円孔、中間部位の３、

図1-5｜**大湯土版前面と底面図**
秋田県鹿角市教育委員会・写真提供

図1-6｜**大湯土版背面図**
秋田県鹿角市教育委員会・写真提供

4、5組みの円孔点、底面に1円孔がある。大円孔を除いて円孔と円孔点の合計は15である。なお、底面の円孔から前面上部の大円孔までに内部を貫通する径0・6㎝の穴がある。

図1−6の大湯土版背面図に基づいて、図1−8大湯土版背面構成図を作成した。下部に表裏一体の四角い溝形状に縄文模様、その上部に4組みと3組みの円孔点があり、4組みの中の一つの円孔点は小さめで、円孔点の総数は7である。また、四角い溝形状の上限からやや離れたところに横凹線がある。

図1−9は、大湯土版前面図でそのサイズは、横幅3・7㎝×縦幅6・0㎝、図1−10は、大湯土版底面図でそのサイズは、奥行き1・5㎝×横幅3・7㎝、大湯土版の重さは48ｇである。

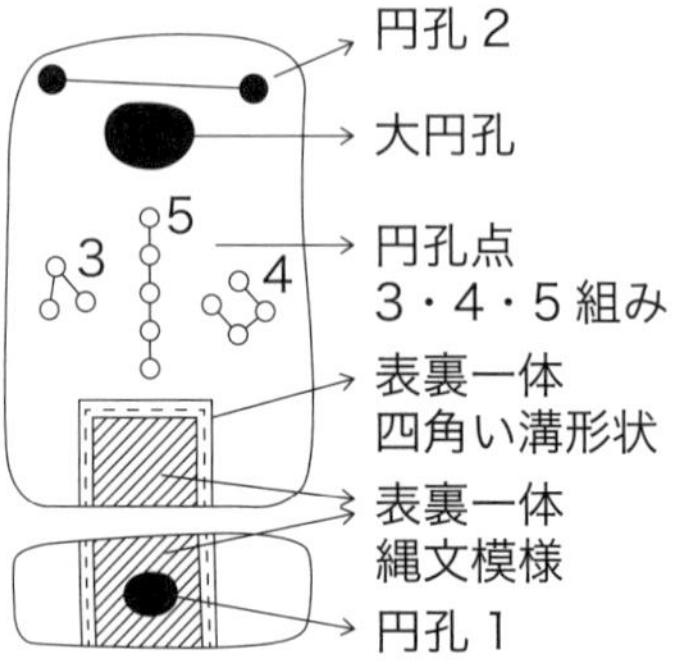

図1-7｜**大湯土版前面と底面構成図**

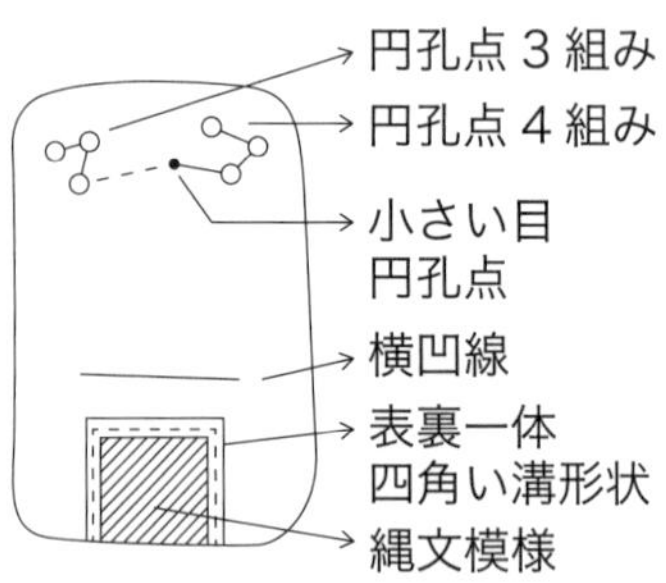

図1-8｜**大湯土版背面構成図**

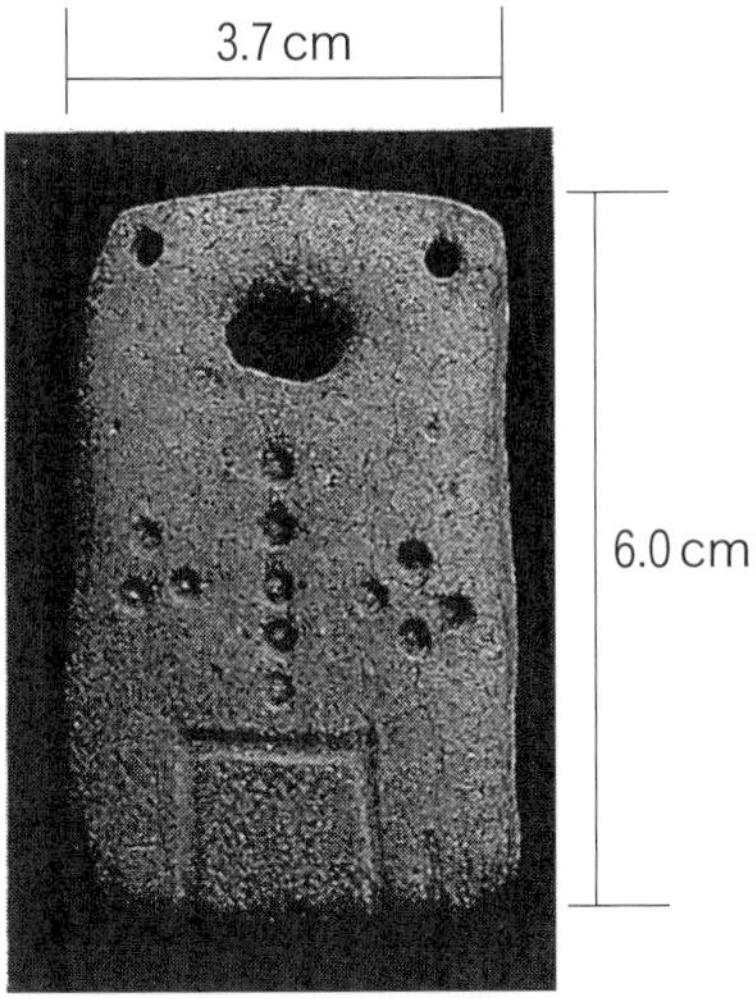

図1-9｜**大湯土版前面図**

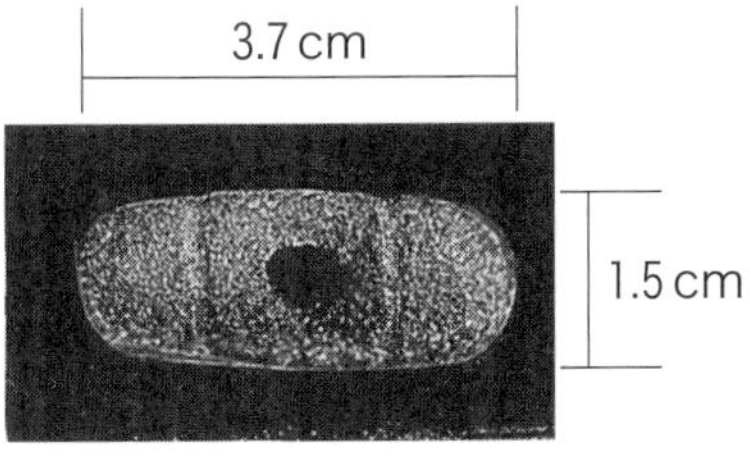

図1-10｜**大湯土版底面図**

［大湯土版の寸法と重さ］
縦・6.0 cm　横・3.7 cm　奥行き・1.5cm　重さ・48 g

3 大湯土版・黄金比

黄金比《おうごんひ》は、

$$1 : \frac{1+\sqrt{5}}{2} = 1 : 1.61803...$$

の値である。美しさと安定感を呈されるのは、近似値の１：１・６であり、約５：８となっている長方形の横５と縦８の比率は黄金比である。黄金比を解説する際によく使用されて、これは「黄金長方形」と呼ばれる。

人間が、最も美しいと感じる比率が「１：１・６」ということである。ここで長方形の縄文時代の秋田大湯土版前面図（図１－11）のサイズは、短辺横幅３・７㎝（ａ）と長辺縦

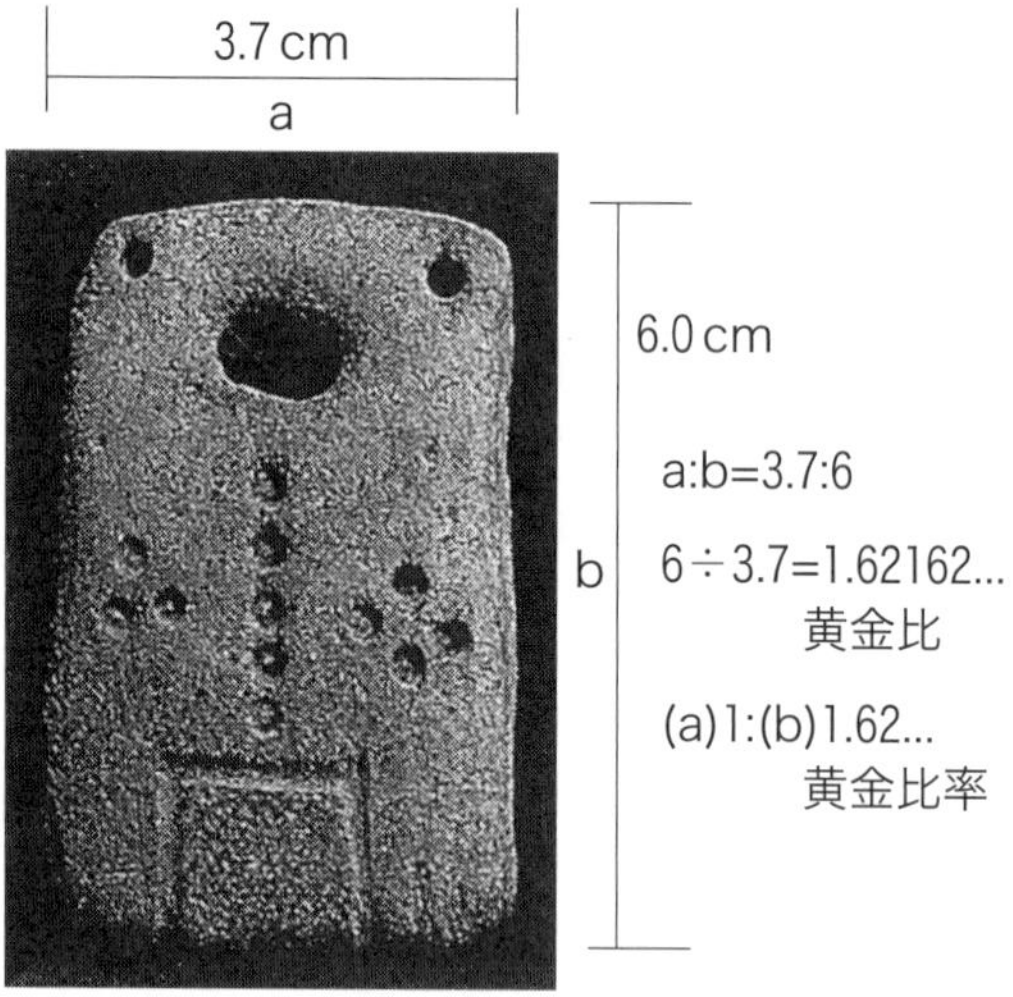

図1-11｜大湯土版前面図　重さ48ｇ

幅6・0㎝（b）であったが、6・0㎝を3・7㎝で割る（6.0㎝÷3.7㎝=1.62162…㎝）と1・62162の値となり、3・7：6の比はつまり1：1・62162であり、黄金比の1・61803の値とほぼ同じである。1：1・6の黄金比の比率のもとで、縄文人が大湯土版を作ったものと考えられる。また、大湯土版の奥行きは1・6㎝弱であったが、それは、縄文人が黄金比の1・6の値を意識して作ったものではないであろうか。なおかつ、大湯土版の48gの重さには、黄金比1・6値の概念が存在していると思われる。古代中国春秋時代の思想家、道教創始者・老子（紀元前571－前471）の『道徳経』には、「道は一を生み、一は二を生み、二は三を生み、三は万物を生む」とあり、自然界の万物は〝三〟によるものと述べている。黄金比1・6値のもとで作られた大湯土版も万物の原点の〝三〟に基づき、1・6黄金比の値を16として3をかけ、48（16×3=48）となることから、重さの48gの大湯土版を作ったのではないであろうか。大湯土版は、三による万物体現の道しるべではないであろうか。

遥か昔、約4000年以前の縄文時代にすでに黄金比の概念が存在していたことは、大湯土版の寸法による黄金比の1・6値から明らかである。

これは、古代ギリシャの数学者「エウドクソス」（紀元前408－前355）によると言われている黄金比の発見よりも、約1700年以上早いのではないであろうか。大湯土版は素朴な形だが、見れば見るほど、その美しさに心が打たれる。

縄文時代の造物である石器や土器、土偶などの中にも、黄金比の思想理念をも持って作成されたものがあるのではないであろうか。

4 大湯土版・「土版君」／七五三

現在、発見地の秋田県鹿角市などの各方面では、大湯土版は計数器の一種として考えられている。また、〝どばんくん〟（土版君）の愛称でも親しまれている。大湯土版の出土時期は、縄文時代後期の4000年ほど前のものであったと認識されているが、大湯土版の思想的な存在はもっと古く、大湯土版の製作年代は、それ以前のものかもしれない。

目下、専門家の間では、大湯土版に表現された円孔、円孔点の図案模様は、縄文人の数の概念であり、数の標準器でもある。また、別の見方として円孔、円孔点などの表現は、人体の口や目などの部位にあてはめて比喩していると述べられている。この見方にも異存はないと思われる。数といえば日本伝統文化の一つである七五三という行事が数の表現の事例だが、そのルーツは謎である。しからば、大湯土版前面図（図1－12）をもとにして円孔・円孔点の図案模様に見え隠れしている関連の7・5（円孔点）・3（円孔）の数を線で連結してゆけば、七五三というそれぞれの数の組み合わせの七五三大湯土版前面見取図（図1－13）を演繹できることから、七五三という数の理念が、大湯土版に存在し、7・5（円孔点）・3（円孔）の数の図案模様によって表象されていたと思われる。

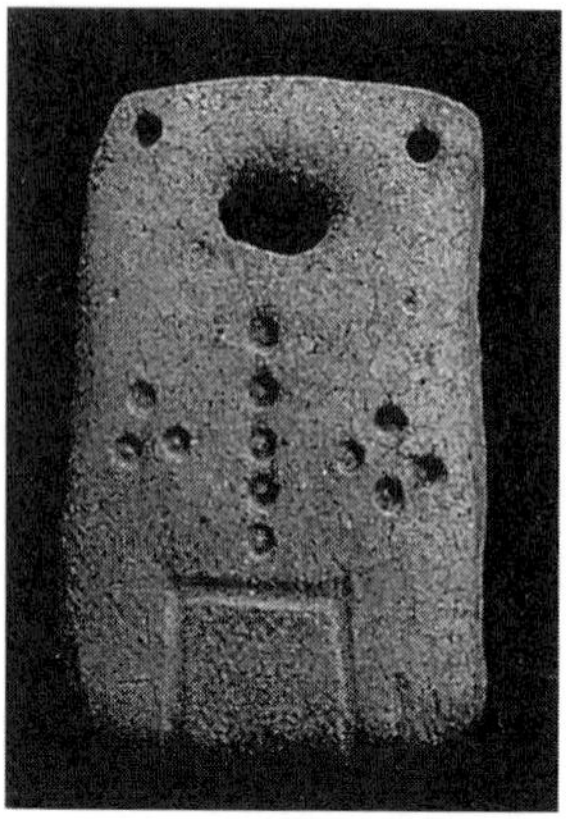

図1-12｜大湯土版前面図

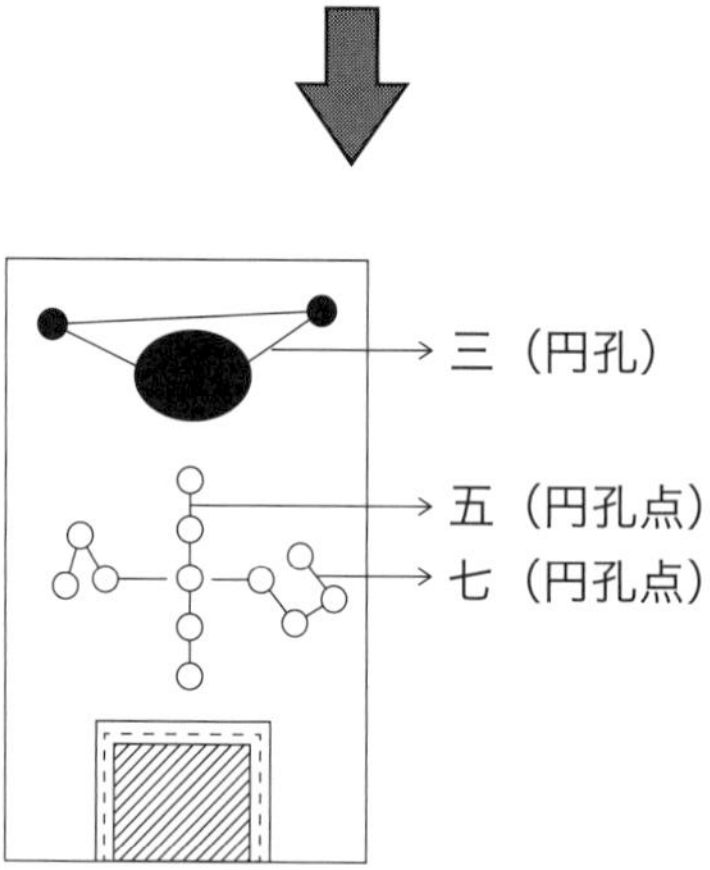

図1-13｜七五三大湯土版前面見取図

七五三行事のルーツは、大湯土版からかもしれない。

文字がなかったと思われる縄文時代だが、大湯土版の神秘的な大円孔、円孔、円孔点、四角い溝形状などの図案模様と黄金比の寸法表現は、どこから伝わって来たのか、どのような意義を示しているのか、縄文人が、どのような理念を持って、これらを作ったものかは謎である。大湯土版の表に示された情報に基づき、模様表現の深層部に潜んでいると思われる縄文人の宇宙観、世界観、ひいては文明の起源にかかわる神秘的な要素を探求すればするほど、縄文人の宇宙観が疑う余地もなく、あらわに浮かんで明らかになってくると思われる。

秋田大湯土版から縄文時代のロマン、人類文化・文明の一翼を追究しようと次の章に移っていくことにする。

図1-14｜**秋田県鹿角市縄文遺跡の土版等出土品**

秋田県鹿角市教育委員会・写真提供

第2章

中国文明起源の探求

中国文明の起源は、龍《りゅう》馬《ま》河《か》図《と》と神《しん》亀《き》洛《らく》書《しょ》からだといわれている。古代中国では、龍馬河図、神亀洛書についてのロマンチックな神話や伝説が数多く記録されており、古代中国に河南省孟《もう》津《しん》県の黄河から龍馬河図、同じく河南省洛《らく》寧《ねい》県の黄河支流の洛水から神亀洛書が出現したと今日までに伝わって来た。河図、洛書は、神話上の動物である龍馬と神亀の背中にあったミラクルな模様のことである。

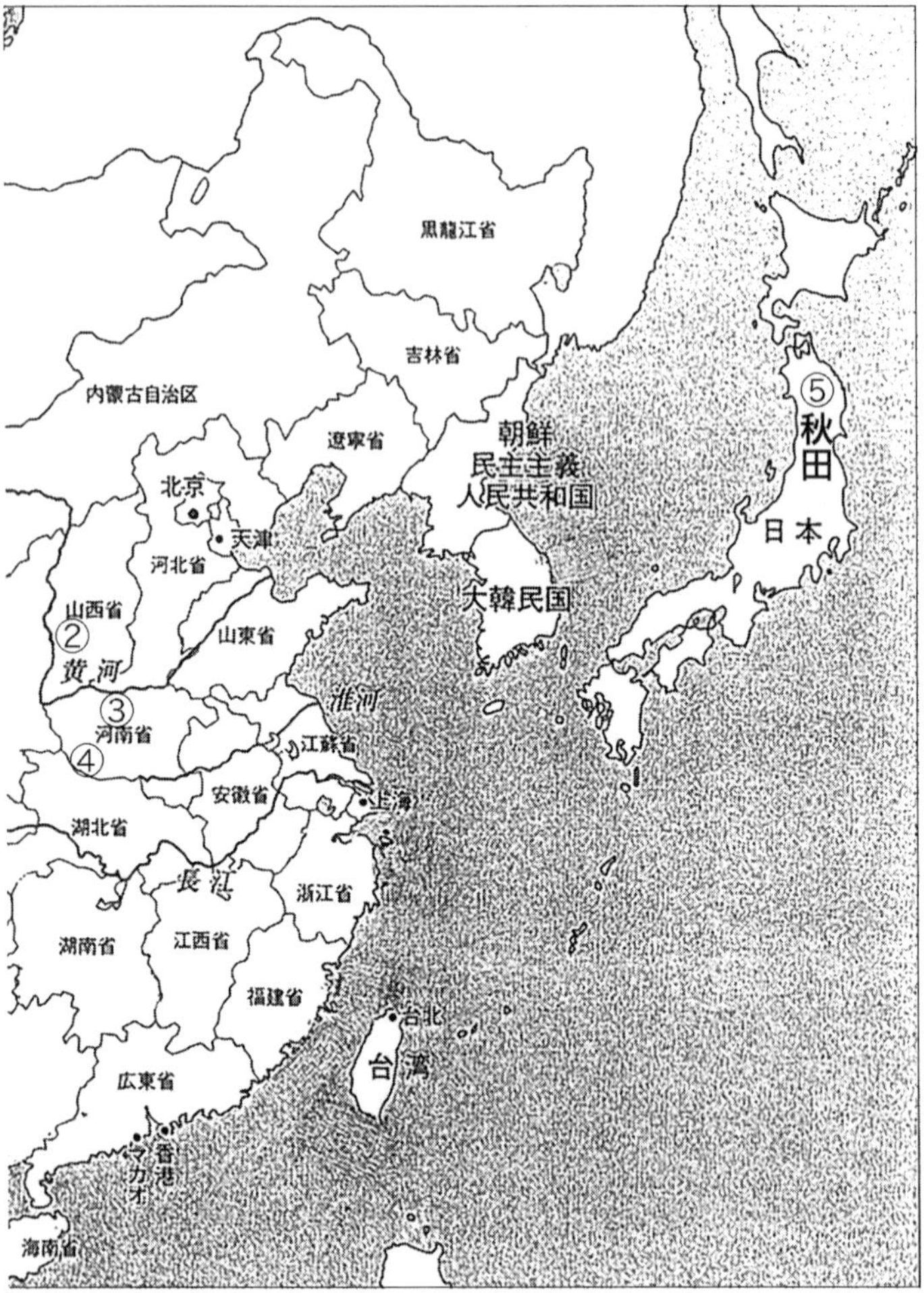

4．河南省洛寧《らくねい》県黄河支流洛水の神亀洛書出現場所
5．秋田県鹿角《かづの》市縄文大湯土版の出土場所
＊地図の内の①〜⑤の数字・秋田、加筆。

図2-1｜本書関連地図

1．甘粛《かんしゅく》省甘谷《かんこく》県に約6000年前の彩陶鯢魚紋瓶《さいとうげいぎょもんぴん》出土場所
2．山西省吉県《きちけん》柿《し》子《し》灘《たん》に約１万年前の人物星辰図岩画発見地
3．河南省孟津《もうしん》県黄河の龍馬河図出現場所

1　龍馬河図・神亀洛書の伝説

神話や伝説上の龍馬と神亀の背中に刻まれた神秘的な円点模様の河図、洛書（図2－2、図2－3）は、天と地の理法を象徴しているものともいわれ、龍馬河図と神亀洛書と呼ばれていて、中国文化・文明の起源だと認められている。

河図、洛書は、中国の秦時代、前漢時代から書籍の中に文字として記載されている。最も有名な出典は、春秋戦国時代の孔子《こうし》（紀元前551－前479）が編纂したと言われる『易《えき》経《きょう》・繫辞伝《けいじでん》』の「河出図《フウチュートウー》、洛出書《ルオチューシュー》、聖人則之《シューレンズアズー》」（かしゅつと、らくしゅつしょ、せいじんそくし）という言葉の表現で、即ち、河図は、黄河からの出自で、洛書は、洛水（黄河の支流）からの出自である。聖人は、これをもとにして八卦（②・224頁）を作った。

ここに言う聖人は、古代中国神話上の人類文化創始者である伏羲《ふっぎ》（旧歴3月18日の生まれとの伝説で、生年不詳。図2－4、図2－5）のことだと認められてきた。だが、漢時代からの学者たちは、みんな、河図、洛書は、伏羲時代以前にすでに存在していたとの見方で一致している。

龍馬河図（図2－2）は、古代中国神話上の7000年前の人物（人神《ひとがみ》）・伏羲との関係が

図2-2｜龍馬河図

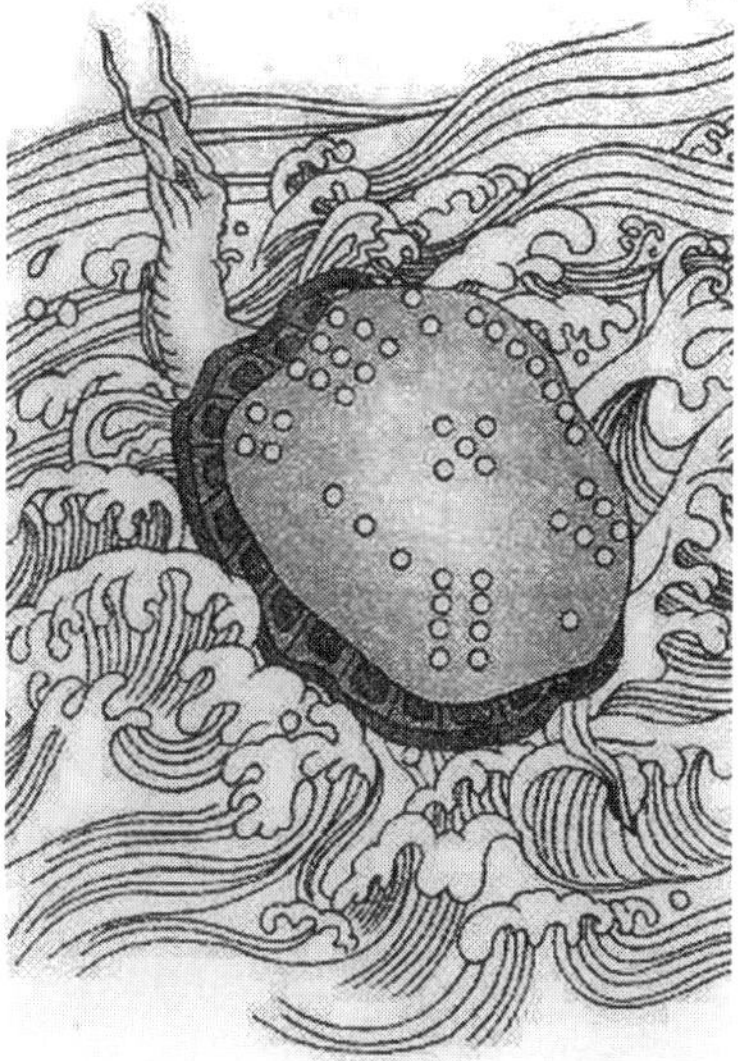

図2-3｜神亀洛書

ある。古代中国の神話や言い伝えの帝王・伏羲は、人の顔、蛇の身体、虎の尾を持った〝人神〟のような存在で、天空を仰視して、日、月、星辰、春夏秋冬、昼夜を察し、山川大海を観別し、地面に棲息する禽獣の紋様、人間の形態、本能力や精神力などを考察している。また、一方、人類に初めて火を起こして煮炊きすることも教えたそうである。

この伏羲が、帝王の位についた時、河南省孟津県境内の黄河から、八尺の大きさの龍馬が現れ、その背中は、一から十にいたる旋紋（円点）模様があった。

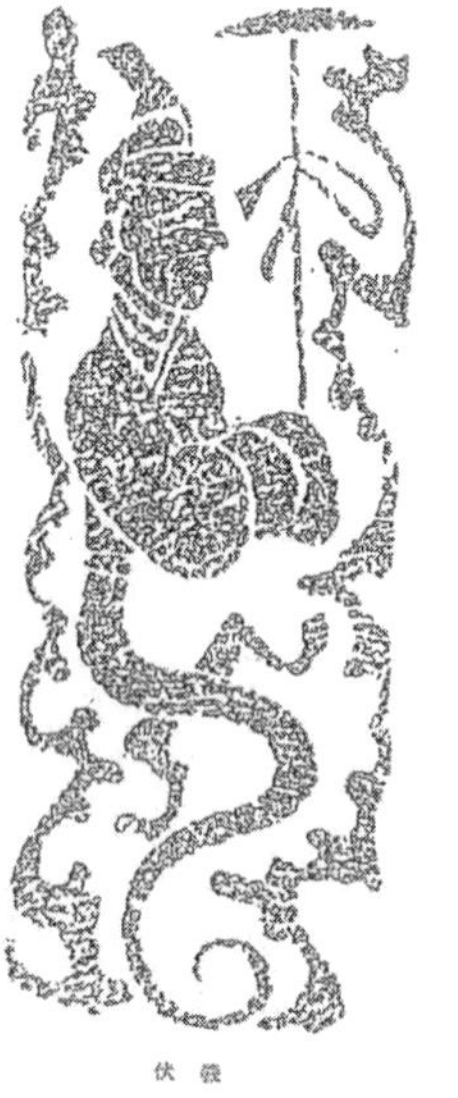

図2-4｜伏羲石彫刻像・漢時代、高さ47.8cm

『漢画里的故事』河南人民出版社　1981年

図2-5｜伏羲画像

伏羲は、歴代帝王の系譜の中に地位が盛大のため、三皇の首で中国最初の王であった。先天八卦を創造したと言われている。

それは、あたかも、天空の星宿（星座）をかたどる神秘なもので、それを図に写しとったのが河図（図2－6）であり、十数図（図2－7）であった。伏羲は、これより八卦（先天八卦・図2－5・図4－2・85頁）を作ったと言われている。

また、洛陽東北孟津県境内の黄河から、背中に円点図である河図を描いてあった龍馬が出現して、伏羲に献上したそうであり、伏羲は、河図に基づいて八卦（先天八卦・図4－2・85頁）を作り、のちに『周易』（③・224頁）（周学）にしたそうである。

神亀洛書（図2－3）は、春秋戦国時代の『尚書』（孔子編纂・詳細不明）中の「洪《こう》範《はん》九《きゅう》疇《ちゅう》篇《へん》」（紀元前770～前221年）では、古代中国の伝説上の夏王朝（④・224頁）の禹王が、天帝（中国神話上の天界・地界を統治する帝王）から授けられたという天と地の大法である。神亀洛書の詳細は、第3章7（75～78頁）の「大湯土版と禹王」の所論に見える。

河図、洛書の図案模様は、元々、一体どのような形であっ

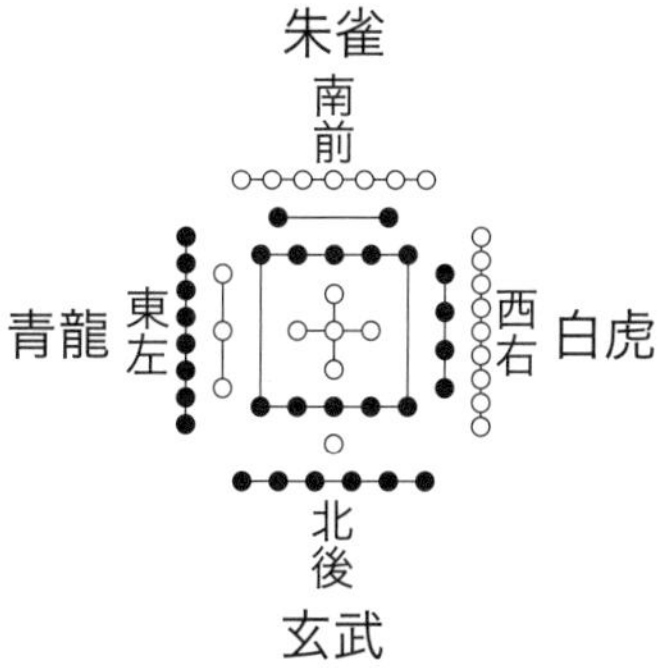

図2-6｜**龍馬河図構成図**

	2・7 火 南方	
8・3 木 東方	5・10 土 中央	4・9 金 西方
	1・6 水 北方	

図2-7｜**龍馬河図十数図**

たのであろうか。ひと言で言えば、河図、洛書とかかわりのあるあらゆる文献史料を探求すれば、河図、洛書のルーツは、悠久の昔からのミラクルな内容の神話である。但し、今日まで、信頼に足る解説はなされていない。

河図、洛書については、古典の文字記録があったとはいえ、本来の絵図の姿は、すでに伝承が途絶えていたそうである。北宋時代に新たに発見され、北宋道士の陳搏《ちんたん》（871―989）によって復元されたと言われている。南宋儒学者の朱子・朱熹《しゅき》（1130―1200）によって演繹《えんえき》され成し遂げられたそうである。また、別の一説によると朱熹が弟子（教え子）の蔡元定《さいげんてい》（1135―1198）を通じて、四川省で見つかった河図、洛書の原形となる図案模様の造物に基づき、それを演繹して現存の河図、洛書の形を考案したのだそうである。

龍馬河図（図2―2）に基づいて龍馬河図構成図（図2―6）を演繹した十個の黒白円点群は、陰陽、五行（木火土金水）、四象（春夏秋冬、東南西北）を表現している。また、『易経《えききょう》・繋辞伝《けいじでん》』にある「天地十数」は、河図を十数図（図2―7）の形で表している。孔子時代以前で作者不詳の哲学書『周易《しゅうえき》・繋辞上伝《けいじじょうでん》』では、1・3・5・7・9を天の数と、2・4・6・8・10を地の数とする。このために、河図は、陽である天の奇数を白で、それに対して陰である地の偶数を黒で表す。方向としては、北の方は、内にある白円点の天一、その外にある黒円点の地六が水で玄武星宿（星座）。南の方は、内にある黒円点の地二、外にある白円点の天七が火で朱雀星宿（星座）。東の方は、内にある白円点の天三、外にある黒円点の地八が木で青龍星宿（星座）。西の方は、内にある黒円点の地四、外にある白円点の天九が金で白虎星宿（星座）。中央は、真ん中にある白円点の天五、外に上五と下五の黒円点を合わす地十が土で時間と空間の特異点を意味している。言わば、北水、南火、東木、西金、中土という五行の木火土金水を表現している。なお、南を上として書かれている。その中の四象は、古代人の前南後北、左東右西の方位観念をも表しており、即ち、南前朱雀、北後玄武、東左青龍、西右白虎との風水方位理念のルーツでもあろう。

龍馬河図に表現された陰陽合一《いんようごういち》・五行生剋《ごぎょうせいこく》の陰陽五行説は、古代中国の宇宙観であり、哲学であった。陰陽概念の創始者はいまだに謎で、人物は特定できていない。出自は諸説によると最も古い記述は、古代中国国家、約４０００年ほど前の夏・夏王朝時代の『連山』（散逸、年代・作者不詳）の〝陰陽卜術〟という陰陽についての記載や、夏王朝時代または、春秋戦国時代以前の『山海経・北山経』（年代・作者不詳）の〝虢山《かくさん》、其陽多玉《きようたぎょく》・其陰多鉄《きいんたてつ》〟という陰陽についての記載である。また、孔子が、『周易』を解釈したと言われる『易伝《えきでん》』という書籍に〝一陰一陽之謂道《いちいんいちようしいどう》〟とある。これらは、つまり、陰陽説の現れと理念の表現であった。陰陽は、自然界の森羅万象の変遷的な活動や進化の根源、規律だと見なしている。その後、春秋戦国時代の陰陽家の代表人物であり、五行説創始者でもある鄒衍《すうえん》（約紀元前３２４－前２５０）が、木火土金水である物事の相互関連についての五行説を取り入れて陰陽五行説を創始した。

河図は、宇宙からの数字暗号とも言われているが、その数字暗号の解読のカギは、易学に存在していると思われている。すなわち、上古時代の伏義の陰陽、中古時代の周文王（戦国時代の周王朝の帝王・約紀元前１１５２－約前１０５６）の八卦（後天八卦）と近古時代の孔子の十翼（易伝のこと）を指している。

昨今、世の中に出回っている図案様式の龍馬河図は、どちらにしても、ほとんどは、朱熹が演繹した龍馬河図の造形産物でしかないと思われる。だが、真実は千古の謎とも謳われて後出の異説はなかろう。ここでは、敢えて、近年の発掘調査の遺跡、遺存に基づき、古代中国文明起源のかなめである龍馬河図の出自を探索し、再確認を試みたいと思う。

2　龍馬河図のルーツ探索1↓彩陶鯢魚紋瓶

彩陶鯢魚紋瓶《さいとうげいぎょもんぴん》（オオサンショウウオ紋様彩陶つぼ）（図２－８）は、１９５８年に中国甘粛省甘谷県西坪《さいへい》遺跡から出土した。彩陶鯢魚紋瓶のデザイン図案は、伏羲の雛形として人間の頭、腹部の絵が伏羲の原形を備えるとの論説もあるが、詳細は不明である。それよりも彩陶鯢魚紋瓶図案模様の表面から、深層部に文化的な要素を探求するならば、

レプリカ

図2-8｜**彩陶鯢魚紋瓶図**

寸法：高さ38cm、口径6.8cm、底径12cm。甘粛省博物館蔵。中国甘粛省甘谷県西坪遺跡出土。放射性炭素年代測定により、紀元前3900～前2780年の時代で新石器時代の造物だと認識された。
写真：郎紹君著『中国造形芸術辞典』中国青年出版社　1996年

彩陶鯢魚紋瓶の鯢魚《げいぎょ》（オオサンショウウオ）図案に見え隠れしている龍馬河図の河図理念のイメージが浮かんできて、これが龍馬河図の起源のひとつだろうと思われる。

伏羲の原形と思われる彩陶鯢魚紋瓶（図2－9、図2－10）の鯢魚《げいぎょ》（オオサンショウウオ）図案構成は、龍馬河図（図2－14）の模様と同じで、古代人の持つ宇宙観の理念が潜んでいる。また、鯢魚《げいぎょ》図案構成から、龍馬河図の形成理念のルーツが見えてくる。彩陶鯢魚紋瓶（図2－9、図2－10）から、1～5数字の鯢魚構成図（図2－11）が編み出される。その図案構成は、鯢魚の尾は1・北と見なして、両目は2・南、左指は3・東、右指は4・西、頸部の蛇腹紋の4本横曲線にその延伸網格紋を1本の横曲線に見立てて加えると、中間部位に5の数字の横曲線になり、1～5の数字が彩陶鯢魚紋瓶には見え隠れしている。すなわち、図2－11鯢魚構成図と図2－12鯢魚構成見取図の1～5までの数字と配置は、龍馬河図構成図（図2－15）から、簡略した表現の龍馬河図推理構成見取図（図2－16）の円点の数字と配置とは同じである。つまり、図2－11と図2－12は、図2－16とは一致している。また、1～5数字の鯢魚構成図（図2－11）に基づき、図案構成の中央部横曲線の5は、下部の尾の1を足すと6となり（5＋1＝6）、顔面部両目の2を足すと7（5＋2＝7）、左指の3を足すと8（5＋3＝8）、右指の4を足すと9（5＋4＝9）となる。10は『周易・繫辞上伝』の〝天数5、地数5〟の理念の説で、顔にある口のような大きい円形状は、天円地方の天と見なして天は5で、かつ、口の中に天数5の表現の5本の縦線が見える。下部の黒塗り部分は、天円地方の地と見なして

図2-9｜彩陶鯢魚紋瓶図

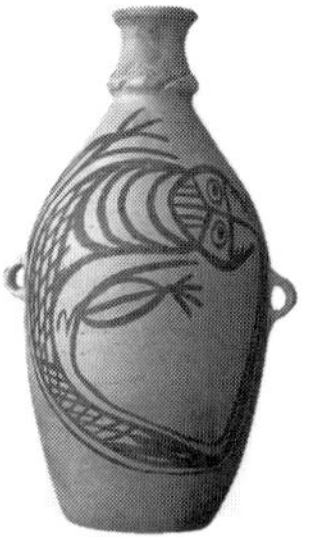

図2-10｜レプリカ

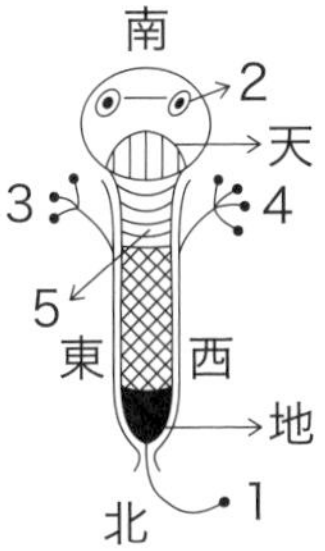

図2-11｜1～5数字鯢魚構成図

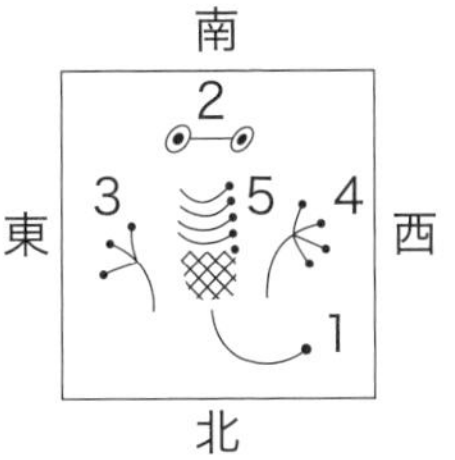

図2-12｜1～5数字鯢魚構成見取図

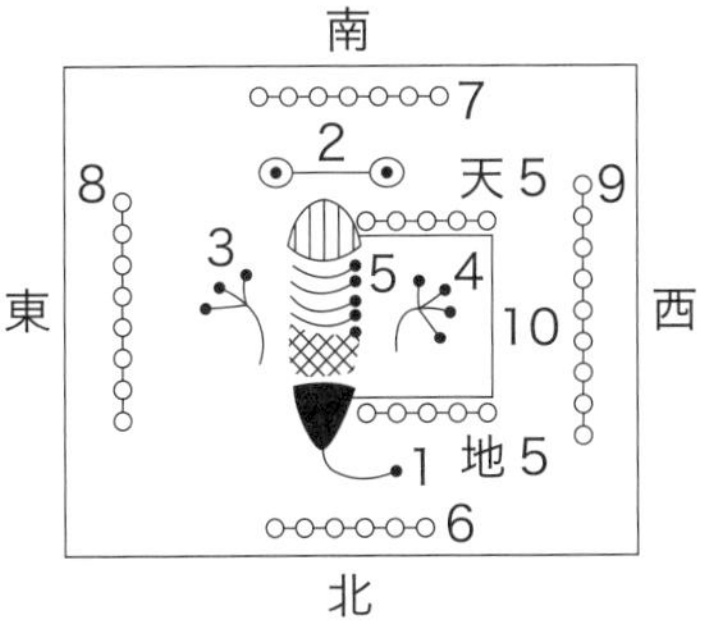

図2-13｜鯢魚河図推理構成見取図

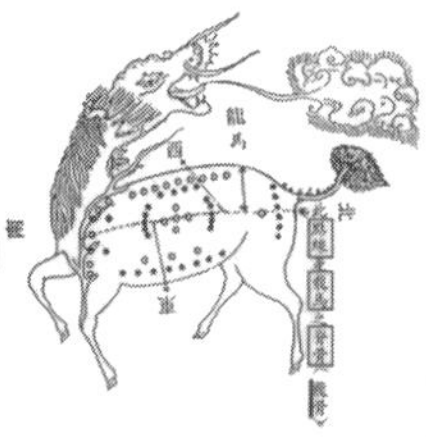

図2-14｜龍馬河図

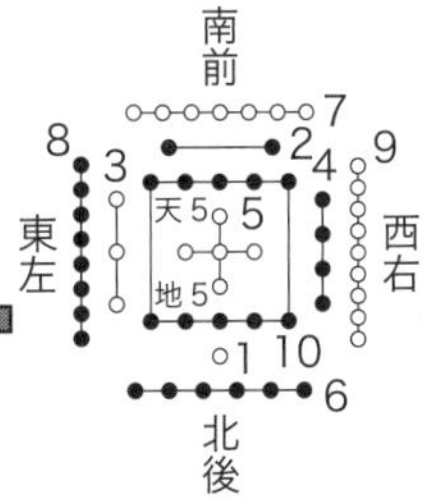

図2-15｜龍馬河図構成図

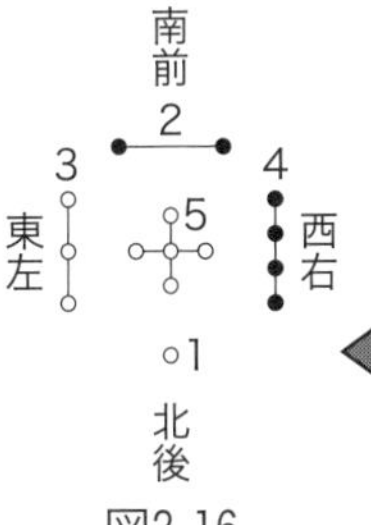

図2-16

1～5円点龍馬河図推理構成見取図

地は5である。天5＋地5＝10となる。数の5は、特別な存在とみられていた。

　これで1〜10までの数字と配置は、河図理念のある〝鯢魚河図〟推理構成見取図（図2－13）が演繹されているから、龍馬河図構成図（図2－15）の1〜10までの円点の数字と配置とは、共通している。つまり、図2－13は図2－15と同じで、いわば、彩陶鯢魚紋瓶の鯢魚図案模様構成は、〝鯢魚河図〟と見なされる。龍馬河図（図2－14）と同じように、天と地の理法の象徴で、龍馬河図のルーツのひとつだと理解できるであろう。

　孔子は、『周易《しゅうえき》・繋辞上伝《けいじじょうでん》』第九章で〝天数5、地数5、五位相得《ごいそうとく》、而各有合《じかくゆうごう》〟と述べられた。すなわち、天界の天は5の数で、地界の地は5の数であった。天5と地5を合わせると10となる。5の位数をもとに、1・3・5・7・9である奇数の5位数の合計が25で、2・4・6・8・10である偶数の5位数の合計が30である。この奇数の25と偶数の30の合計は、55で「天数」と称して、55の数になっていくと神霊界の行動変幻の理数だと解釈することができる。この「天数」から5を引いた数50を「大衍《だいえん》」の数と称する。5の数は、奇数と偶数のことを指すことで、非常に重要な意義を持っていると認識されているようである。

3　龍馬河図のルーツ探索2↓人物星辰図岩画

岩画（図2－17）は、1980年に中国山西省吉県柿子灘の旧石器時代晩期遺跡（図2－18）より発見され、人物星辰図岩画と呼ばれている。1993年第三期の中国『考古学報』に発表されて以来、専門家の間でおおいに注目を集め、話題を引き起こした。

この遺跡の岩画は、1万～2万年前の中石器時期の遺存だといわれている。岩画は、高さ20cm、幅17cmで、イメージの特徴から女性の表現と北斗七星、南斗六星の円点表象などの解説がある。その人物図案は、神人と見なすと解読し、深層的寓意《ぐうい》では、主に〝天地交《てんちこう》

図2-17｜人物星辰図岩画・高さ20cm

図形：陸思賢著　岡田陽一訳『中国の神話考古』言叢社　3頁　2001年

泰《たい》〟、つまり、人間俗世と神霊界との交流という理念を示すものだと解釈されている。だが、謎の多い古代中国文明の起源を考察するとき、言うまでもなく、まず、龍馬河図にほかないのだが、しかし、人物星辰図岩画を繰り返し観察した感性的な結果、次第に人物星辰図岩画は、龍馬河図の構成理念を表しているように見え、龍馬河図のルーツではないかと考えられることになった。

筆者は、人物星辰図岩画との称呼で呼ばれている謎の遺存の正体と、それに、秘められた文化・文明の深淵《しんえん》に迫って探求したいと思い、また、同時に龍馬河図の名称を彷彿とさせる。人物星辰図岩画から〝人形河図《にんぎょうかと》〟を編み出せると考えるようになった。

図2-18｜**中国山西省吉県柿子灘遺址**

「柿子灘遺址 [1]」

図2－17は、人物星辰図岩画の姿だが、考古学者たちの研究文献では、岩画についての図案表現の解読は、古代中国神話や伝説上の創世女神の女媧《じょか》（図2－19）と見なしている。

女媧は、人類を創造し、壊れていた天地の修復を行ったとも言われている存在である。岩画の人物図案は、女媧の事だと認識されているようである。また、図2－17岩画図案中の円点は、上の七つは北斗七星、下の六つは南斗六星で、下腹部の白色円点を女性器だと見なしている。昔からの神話や伝説を踏まえての見方にちがいない。しかし、人物星辰図岩画の神秘な模様の表に示される情報の裏には、文明の起源と言われる龍馬河図（図2－14、図2－15、図2－16）とのつながりの内包《ないほう》が秘められていることを察知することができる。

図2－20は、河図形成理念に基づき、線で関連円点を連結して作成した1～5円点の人物星辰図岩画構成図である。

最下部の中間円点は1・北と見なして、頭上部の双髻《そうけい》（唐時代の女性貴族の髪型）2円形状を連結して南、上左側の3円点を連結して東、上右側の4円点を連結して西、下

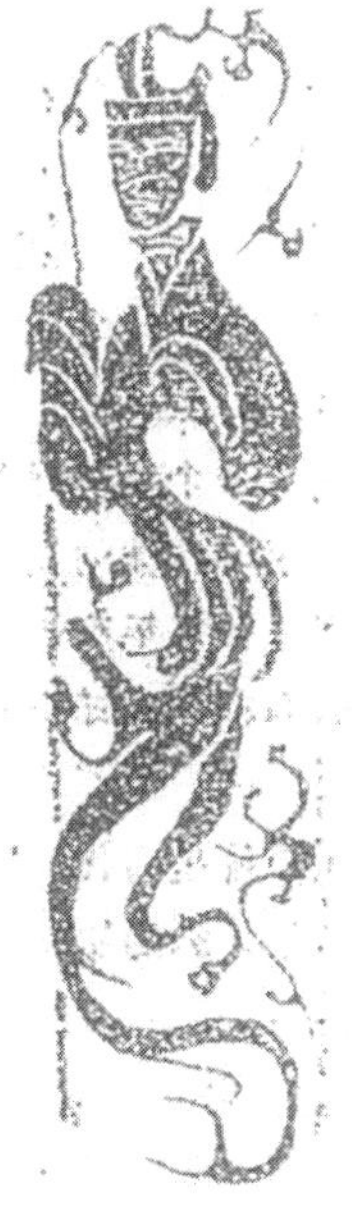

図2-19　女媧石彫刻像・漢時代
『漢画里的故事』河南人民出版社

半身部の5円点は交差につなぐと1～5の円点数が、人物星辰図岩画に存在していたことが分かった。これは、龍馬河図構成図（図2－15）から、簡略した1～5円点の龍馬河図推理構成見取図（図2－16）との理念模様の円点数、配置は同じである。つまり、図2－20は図2－16と完全に同じである。

また、最下部の中間部の円点は月の表象とも見なすことができる。

従って、中国文明の起源だと言われている龍馬河図ルーツのひとつは、この人物星辰図岩画の模様にあり、後世の龍馬河図の原形だと考えられるのではないか。

図2－21人形河図推理図と図2－22人形河図推理構成見取図は、1～5円点の人物星辰図岩画構成図（図2－20）から派生して作った推理図の図案である。すなわち1～5円点の人物星辰図岩画構成図（図2－20）より、図案中の円点5に最下部の中間円点1を足すと円点6となり（5＋1＝6）北で、円点5に頭上部の双髻円形状2を足すと円点7となり（5＋2＝7）南で、円点5に上の左側円点3を足すと円点8となり（5＋3＝8）東で、円点5に上の右側円点4を足すと円点9となる（5＋4＝9）西で、円点10は『周易・繋辞上伝』の天数五、地

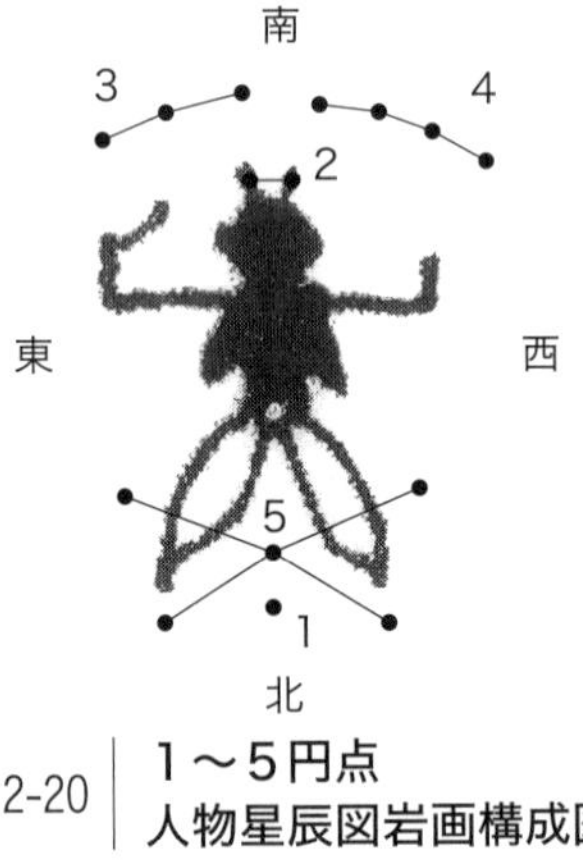

図2-20　1～5円点
人物星辰図岩画構成図

数五の理念に準ずれば、天5円点と地5円点を合わせると10円点となる（5＋5＝10）。

従って、天5の天は上部、つまり頭である。肩上に設けている横棒状線より、上部の頭形状と七つの北斗七星の円点模様（4円点組みの斗魁、3円点組みの斗柄）は、天の理念であり、天の象徴である。また、横棒状線両端の縦棒状線の上先端2円点と、横棒状線左側端の縦棒状線の上先端手前と連結の斜め棒状線の上先端1円点は、頭部の横両端耳位置の2円点を足すと円点5になるから、天5円点と見なす。

地5の地は、肩上に設けている横棒状線より下部胴体が地の理念であり、地の象徴である。また、下腹部の白色円点（女性器かへそか）は、手足の四肢に見立てる先端部位の合計4円点を足すと円点5なので、地5円点とも見なすことができる。

しからば、このように天5と地5が演繹されるか

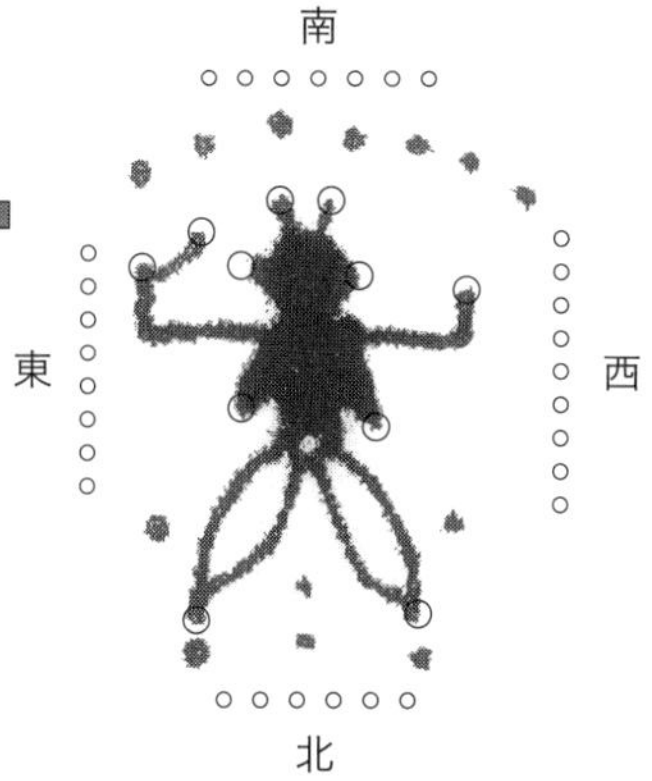

図2-21｜**人形河図推理図**

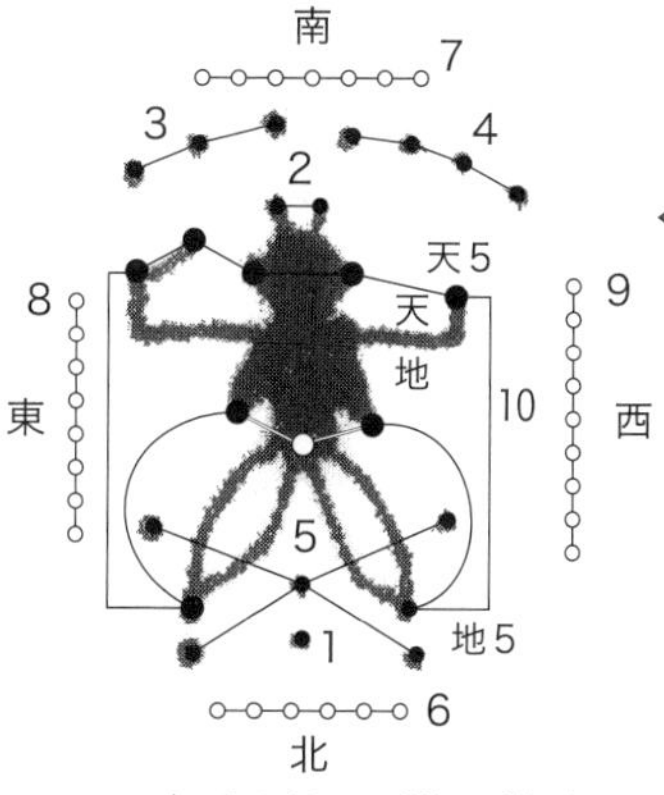

図2-22｜**人形河図推理構成見取図**

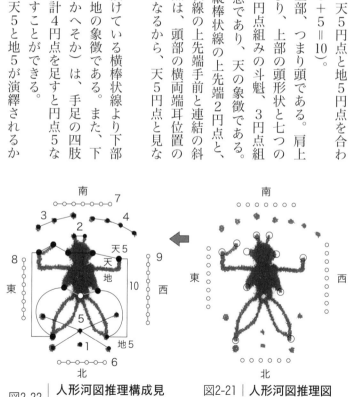

ら、合わせると10となる10円点である。

これによって人形河図推理図（図2－21、図2－22）が生み出されたことで、思想理念、形態構成などの円点数字、配列位置が龍馬河図（図2－14、図2－15）と同じだということが推測できる。つまり、人形河図推理図（図2－21）は、龍馬河図（図2－14）と同様に天と地の理法の宇宙概念が再現されているのである。なお、図2－21の人形河図推理図に基づき、河図形成理念に従う線で関連円点をつなぐ1～10円点数字表現の人形河図推理構成見取図（図2－22）は、図2－15の龍馬河図構成図と1～10円点数字、配列位置を見比べると構成理念がほぼ一致している。人形河図は天5、地5、人5の天地人の順に対して、龍馬河図は天5、人5、地5の天人地の順になっているが、順番を異なるようにしたことで何らかの意思表示が潜んでいたかは、今後の真相究明のひとつの課題になるのではなかろうか。人5は、線でつないだ交差する5円点のことを指すのである。また、孔子の『周易・繫辞下伝』は、「天地人」の三才の道を提唱した。天地人という理念の順を一体のものと見なす。

それに、人物星辰図岩画（図2－17）の肩上の横棒状線の形態は、方形のように見えるから、天円地方の地の思想理念の表現も考えられる。なお、横棒状線の存在は、天と地の境界線のイメージでもあり、両端の直角縦棒状線は、地に不動に立脚し、天を支え上げる〝頂天立地《ちょうてんりっち》〟の天柱である。天の方へ斜めに向く棒状線は、おそらく俗世から通天祈禱しながら、天界から受ける神霊伝達の天と地交流の融通の道なのではないか。

有史以来、もともと、龍馬河図について書類による文章記述があったが、北宋時代までに具象化された図案物が見当たらない。北宋時代の道士陳搏《ちんたん》と南宋儒教の大家の朱熹らの手によって河図が演繹されてきたそうである。なりたちの諸説は、いろいろなバージョンがあったが、想像していくとおそらく朱熹らが、この人物星辰図岩画のようなもの等を見聞した上で、現在、世に見られる姿の龍馬河図を考案して作り上げたのかもしれない。人物星辰図岩画のルーツも、超古代文明の遺物や宇宙からの暗号等といわれる龍馬河図のように謎だが、龍馬河図の出自は、この人物星辰図岩画と関連があるかもしれない。人物星辰図岩画構成図（図2－20）は、1～5まで円点の〝生数《せいすう》〟という古くて約1万年前の初期段階姿の〝生数河図〟であろうし、また、人物星辰図岩画構成図（図2－20）に基づいて、下部に位置する円点を交叉につないだ5円点は、下の1円点を足すと6円点となり（5＋1＝6）北、頭上の2円点を足すと7円点（5＋2＝7）で南、左上の3円点を足すと8円点（5＋3＝8）で東、右上の4円点を足すと9円点となり（5＋4＝9）西、だが、6～9までの円点は、派生されて進化してきた〝成数《じょうすう》〟となり、また、天5に地5を足すと10円点となって（5＋5＝10）、人形河図推理図（図2－21）、人形河図推理構成見取図（図2－22）は演繹される（生数・成数の詳しくは第3章4〈67頁〉の所論に見える）。これは、龍馬河図の河図への誕生の瞬間ではないか。この人物星辰図岩画は、龍馬河図のもうひとつのルーツだと思われる。

図2－23は、人物星辰図岩画（図2－17）に基づき、演繹して生じた人形河図構成図だが、図2－24龍馬河図構成図とは、理念形成と数列様式が同類だと認識することができる。すなわち、図2－23は図2－24と同じで〝河図〟である。

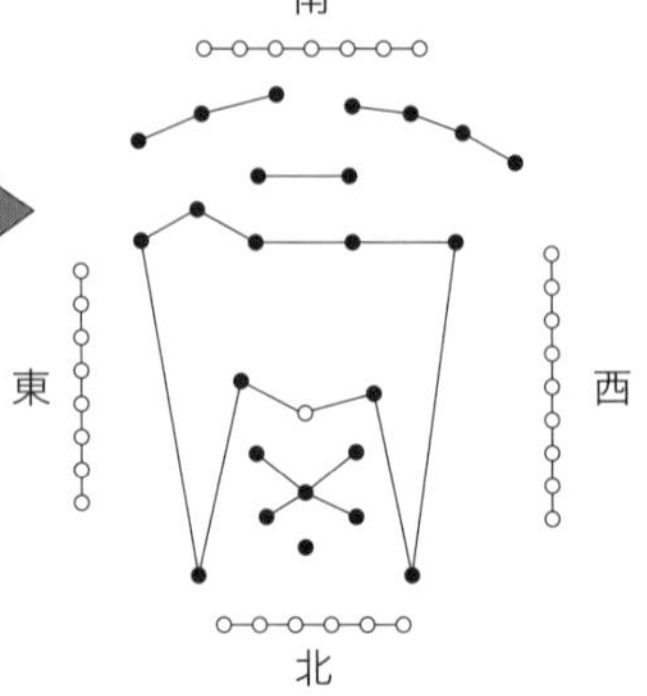

図2-23｜人形河図構成図

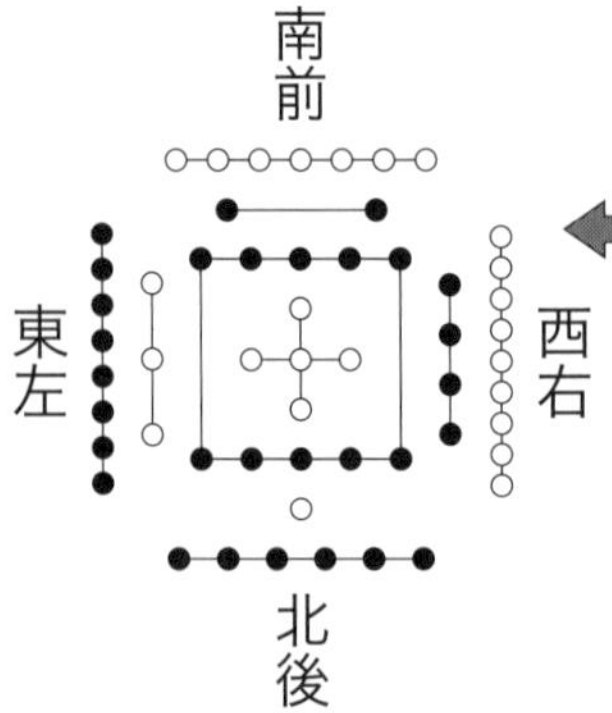

図2-24｜龍馬河図構成図

しからば、中石器時代の造物だと思われる人物星辰図岩画（図２－25）は、縄文時代の土偶（図２－26、図２－27）と見比べて確認すると、全体像のイメージの表現は似通っていると思われる。特に頭部の団子のような突起の表現特徴は、同じように髪形を表していると見なされる。遠古時代の文化・文明の神秘な不思議さのもとでのつながりが見えるのではないか。

図2-25｜**人物星辰図岩画**

中国山西省吉県中石器時代・高さ20cm。

図2-27｜**遮光器土偶・縄文晩期**

岩手県盛岡市手代森遺跡出土・高さ31cm。
文化庁蔵・岩手県立博物館写真提供

図2-26｜**土偶・縄文後期**

岩手県九戸郡軽米町長倉Ｉ遺跡出土・高さ29.7cm
岩手県教育委員会蔵・写真提供

第3章

大湯土版と遠古時代中国神話

1 大湯土版と龍馬河図・神亀洛書

世界中の各地に存在していた文化・文明の神話や伝説が、遥か遠く離れていても語られている事象が、極似しているのはなぜであろうか。

中国文明の起源だと言われている神話や伝説上の龍馬河図（図3－1）、神亀洛書（図3－2）だが、その龍馬と神亀の背中の図案模様は、日本縄文時代の秋田大湯土版前面と底面図（図3－3）、大湯土版背面図（図3－4）の模様と同じく、円点数の表現である。また、龍馬背中の河図図案（図3－1）の円点模様の1から5まで（図2－16・45頁）の1＋2＋3＋4＋5＝15円点数と配列位置の理念は、大湯土版前面と底面図（図3－3）の上にあった大円孔を除いて、底面の円孔1から前面の円孔点5まで（図1－7・22頁）の1＋2＋3＋4＋5＝15の数と配列位置の理念に共通している。かつ、神亀背中の洛書図案（図3－2）の円点の横、縦、斜めに各三つ（図3－31・九宮図・77頁）の数字を配列する合計15円点数は、大湯土版前面と底面図（図3－3）の上にあった大円孔を除いて、円孔と円孔点（図1－7・22頁）の総数の15と同じで、みんな、数15の表現に特徴があると察知できる。遠古時代の造物として影響し合ったか、或いは大陸中国からの伝播文化であったのかもしれない。それに、表現されてい

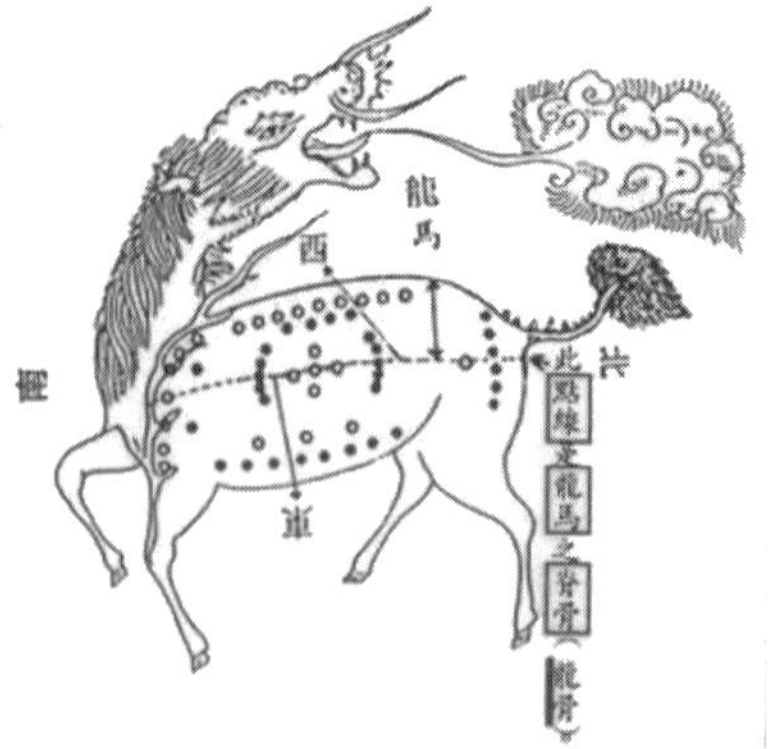

図3-1｜**龍馬河図**

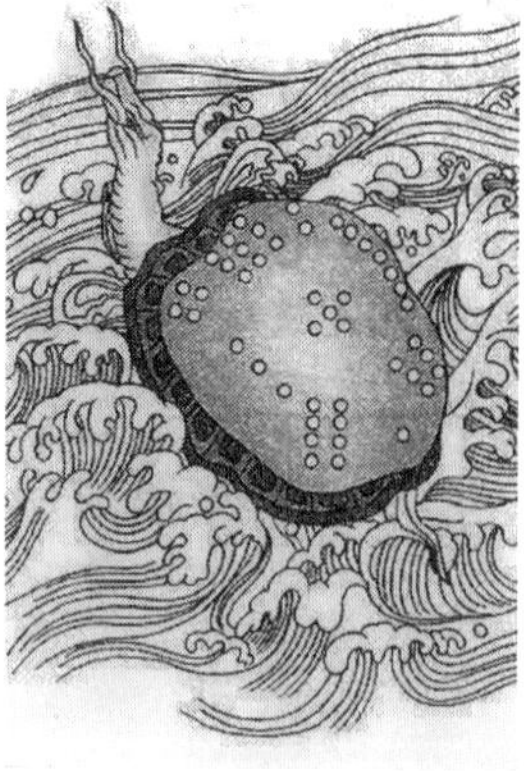

図3-2｜**神亀洛書**

図3-3｜**大湯土版前面と底面図**

図3-4｜**大湯土版背面図**

みんな同じ円点数字の表現をしている。

る両方の円点図案模様の事象は、地理的に離れているが、相似している点では、神話や伝説上の超古代文明の遺存との同一関係からかもしれないと想像される。いずれにしても、大湯土版は、龍馬河図、神亀洛書に相当《そうとう》するような文化・文明の元素を持っているものと考えられる。世界中のさまざまな神話や伝説では、龍馬河図、神亀洛書や大湯土版にあった類似円点模様の話は、今のところ中国と日本のほかに聞かない。これもひとつの謎ではないか。

　図３－１の龍馬河図の図案模様は、中国の神話や伝説としての存在が７０００年以上を有する。図案模様の実物存在は、いつの時代から始まったのか、現時点では、明確な記載史料がなく、すべて、現代より約１０００年前の北宋時代の産物だと認められている。筆者が、一万年以前の人物星辰図岩画（図２－17・47頁）に基づいて〝人形河図〟推理図（図２－21・51頁）を演繹した。〝人形河図〟（図２－21）のいきさつを考えてみると、龍馬河図の存在は、はるか昔の「人物星辰図岩画」或いは、それと似たようなものからかもしれない。

　一方、図３－３の大湯土版前面と底面図には、龍馬河図のような神話や伝説がみられない。ただ、大湯土版は実物としての存在は、約４０００年以前の縄文文化後期の造物だと思われるものであって、思想理念的な存在は、もっと古い時代であろう。

　一体、龍馬河図、神亀洛書と大湯土版が互いにどういういきさつでの存在なのか、何を意味するのかは、大変興味深いものである。

2　大湯土版の円点（1〜5）と龍馬河図

龍馬河図（図3－5）と大湯土版前面と底面図（図3－8）は、両者の図案模様の円点理念が極めて類似している。しかも龍馬河図構成図（図3－6）の円点模様を意図的に簡略化した円点1〜5の龍馬河図推理構成見取図（図3－7）は、大湯土版前面と底面構成図（図3－9）を簡略した1〜5の円孔点の大湯土版前面構成見取図（図3－10）と見比べれば完全に一致している。大湯土版の底面の円孔は1・北と見なして、上の両端の円孔は2・南、左側の円孔点は3・東、右側の円孔点は4・西、中間部位の円孔点は5なので、1〜5の北南東西中の方位の円点数と配置は、龍馬河図推理構成見取図（図3－7）の下の円点1・北後、上の円点2・南前、円点3・東左、円点4・西右、円点5・中間部位とは、形成理念も同じだと思われる。つまり、図3－7龍馬河図推理構成見取図は、図3－10大湯土版前面構成見取図と同じである。

大湯土版にあった円点1〜5数字の文化理念は、龍馬河図との関連性があるのではないかと思われる。

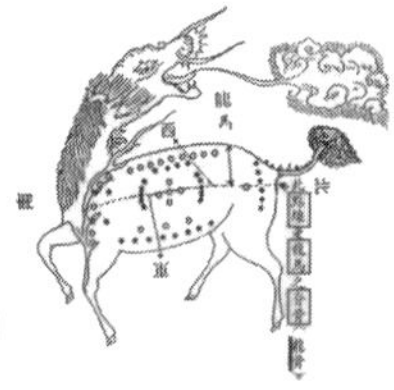

図3-5 | 龍馬河図

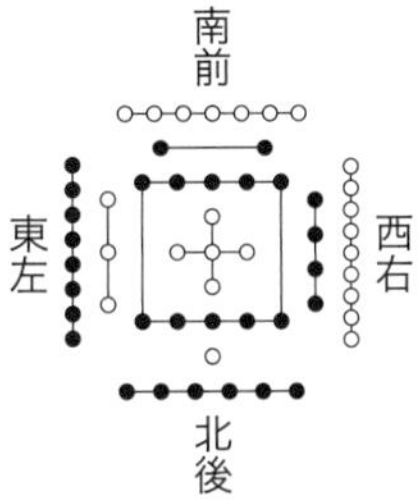

図3-6 | 龍馬河図構成図

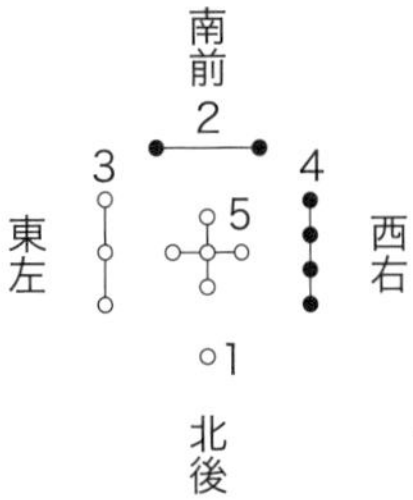

図3-7 | 龍馬河図推理構成見取図

図3-8 | 大湯土版前面と底面図

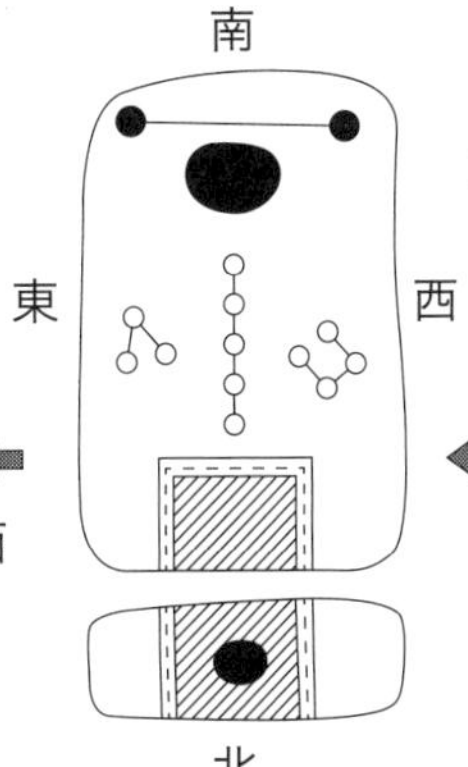

図3-9 | 大湯土版前面と底面構成図

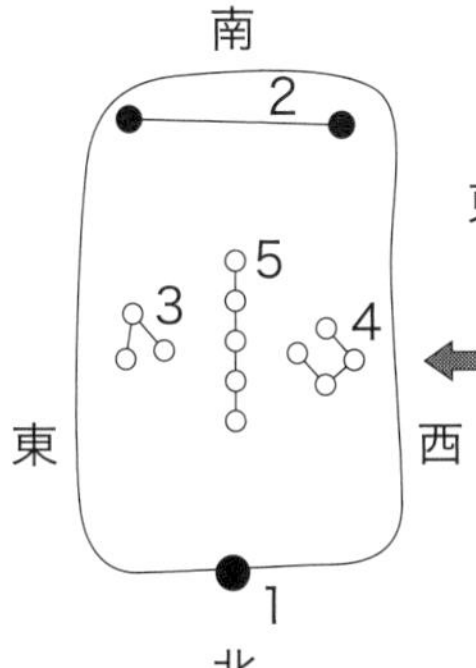

図3-10 | 大湯土版前面構成見取図

3 大湯土版の河図円点（1〜10）と龍馬河図

龍馬河図構成図（図3－12）は、数字で表現した龍馬河図構成図の1〜10までの円点数だが、図3－14の大湯土版前面推理構成見取図と点数の模様は、まったく同じである。

大湯土版前面と底面図（図3－13）の円孔点数は、1〜5までしかないのだが、これらの1〜5の円孔点数を元にして中央円孔点の5は、底面の円孔1を足すと6円点（5＋1＝6）となり北、上の両端の円孔2を足すと7円点（5＋2＝7）となり南、左側の円孔点3を足すと8円点となり（5＋3＝8）東、右側の円孔点4を足すと9円点（5＋4＝9）となり西、10は『周易・繋辞上伝』の天数5、地数5の理念を踏めば、上に大きな円孔は、天円の天で、天と見なして天は5で、下に四角い溝形状は、地方の地で地と見なして地は5である。だから、天5を足す地5は10円点（天5＋地5＝10）となる。よって大湯土版前面推理構成見取図（図3－14）が演繹される。大湯土版も1〜10までの円点数が生み出されて、図3－11龍馬河図の1〜10までの円点数と配置は共通している。したがって、〃土版河図〃と見なすことができるのではないか。つまり、図3－14と図3－12とは同じで、龍馬河図と同じように縄文人の大湯土版も、天と地の理法の宇宙観を持っていた河図であり、〃土版河図〃の形で再現されたと思

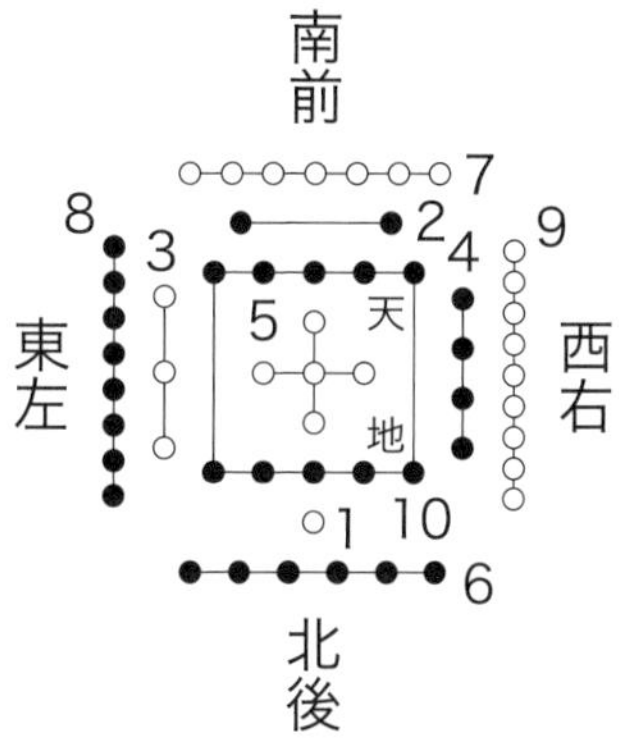

図3-12｜**龍馬河図構成図**

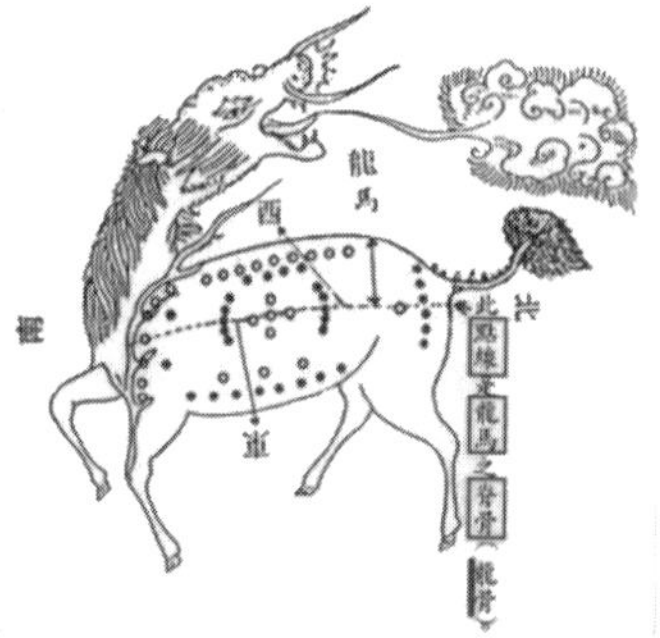

図3-11｜**龍馬河図**

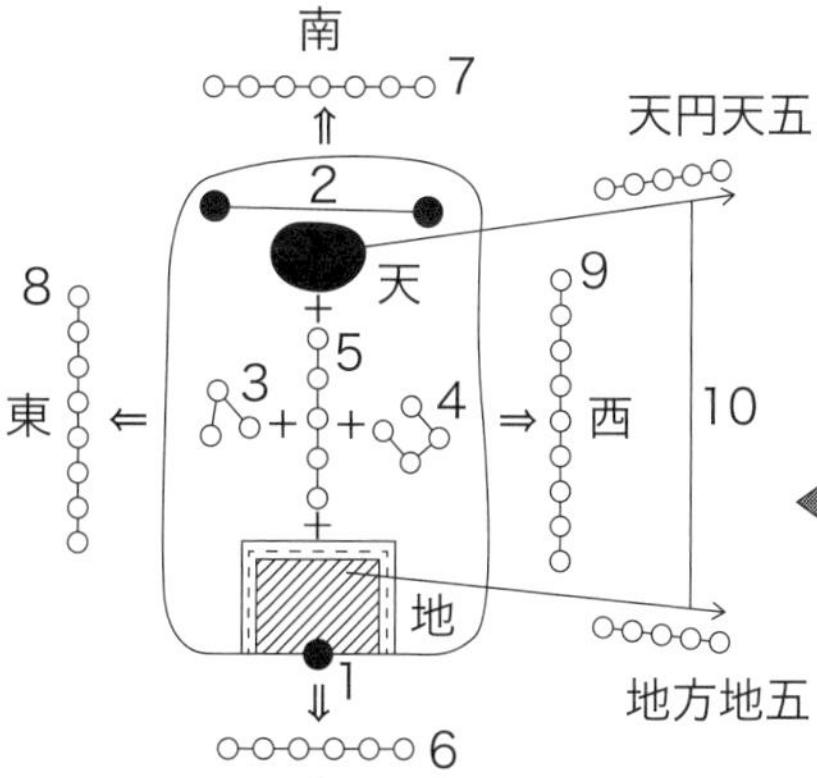

図3-14｜**大湯土版前面推理構成見取図**

＊天五・地五は『周易・繫辞上伝』の天数五、地数五の理念に基づく。

図3-13｜**大湯土版前面と底面図**

われる。

前章で龍馬河図の円点の数のルーツは、1〜5からだと述べていたが、図3－12龍馬河図構成図と図3－14大湯土版前面推理構成見取図の模様を見比べておけば、龍馬河図と大湯土版は、同一轍だと理解できる。図案模様の同一性は、必然的な文化・文明の深さに神秘な思いにかられる。

4 大湯土版と五行の生数《せいすう》・成数《じょうすう》

古代人は、陰陽と五行（木火土金水）・五つの要素の数が、宇宙とともに生まれたと信じていたのではないかと思われる。自然界の森羅万象のすべては、陰陽五行の気（エネルギー、生気）で構成されており、そのために五行・五つの要素の数の気は、自然界の摂理にのっとって絶え間なく循環するとされ、また、それらの体性と同じ共通的な特徴を持っていると考えていたと思われる。

五行（木火土金水）・五つの要素の数は、一、二、三、四、五を五行〝生数《せいすう》〟と呼び、六、七、八、九、十を、五行〝成数《じょうすう》〟と呼んでいる。六〜十までの五行成数は、一〜五までの五行生数から派生して生まれた。春秋戦国時代の『尚書・洪範九疇篇』では、五行とは、一は曰《いわ》く水、二は曰く火、三は曰く木、四は曰く金、五は曰く土であり、これらはすべて生数である。また、孔子時代以前の哲学書・作者不詳の『周易《しゅうえき》・繋辞上伝《けいじじょうでん》』では、天一、地二、天三、地四、天五、地六、天七、地八、天九、地十と述べられた。それで、〝天生地成〟の五行としての生《せい》・成《じょう》の数である。生数は、万物を生みだし、成数は、万物を育成するという理念である。その理念も龍馬河図と大湯土版の図案模様に表現されたと思われる。

龍馬河図推理構成見取図（図3－16）の1～5までの円点数は、五行生数であって、龍馬河図構成図（図3－15）の1～10までの円点数の中の6～10は、五行成数である。一方、大湯土版前面構成見取図（図3－17）では、1～5までの円孔点数は、五行生数であって、大湯土版前面推理構成見取図（図3－18）では、推理して演繹した6～10までの円点数が、五行成数となる。

龍馬河図と大湯土版の両方の成数の成り立ちは、図3－15と図3－18のようにおそらく同じで、どちらも中央円点生数の5は、下方の円点1を足すと6円点（5＋1＝6）となり北、上方の円点2を足すと7円点（5＋2＝7）南、左方の円点3を足すと8円点（5＋3＝8）東、右方の円点4を足すと9円点（5＋4＝9）となる西。10は『周易・繫辞上伝』の天数5と地数5の理念に照らせば、龍馬河図構成図（図3－15）は、中央5円点の上方の天数5円点と下方の地数5円点の合計10円点（5＋5＝10）がある。

他方、大湯土版前面推理構成見取図（図3－18）の上方の大円孔は、〝天〟と見なして5円点天数で、下方の四角い溝形状は、〝地〟と見なして5円点地数だから、天5円点と地5円点を合わせると10円点（5＋5＝10）である。即ち、龍馬河図と大湯土版は、生数・成数の理念が同じだと思われる。

龍馬河図と大湯土版を見る限り、大湯土版前面構成見取図（図3－17）は、五行生数の原始の姿であって、五行生数から五行成数へと進化していくプロセスは、大湯土版前面推理構成見

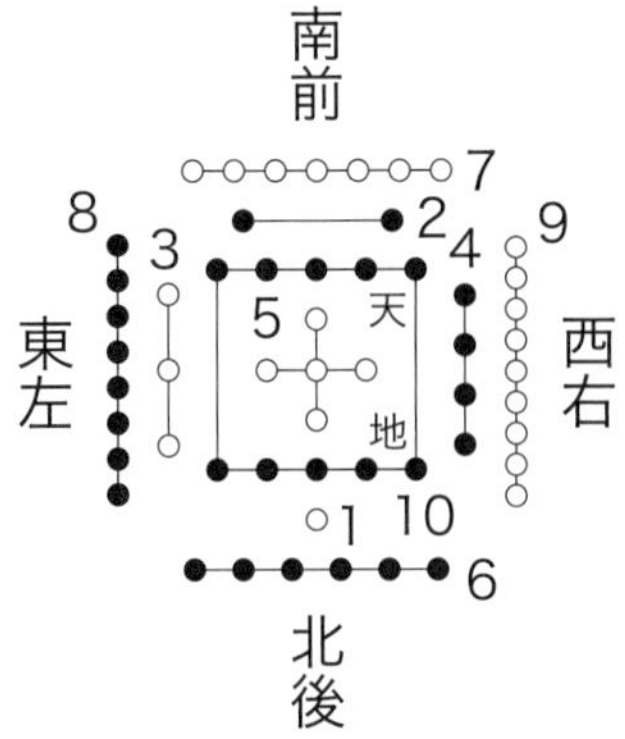

図3-15｜**龍馬河図構成図**

五行生数１～５・五行成数６～10。

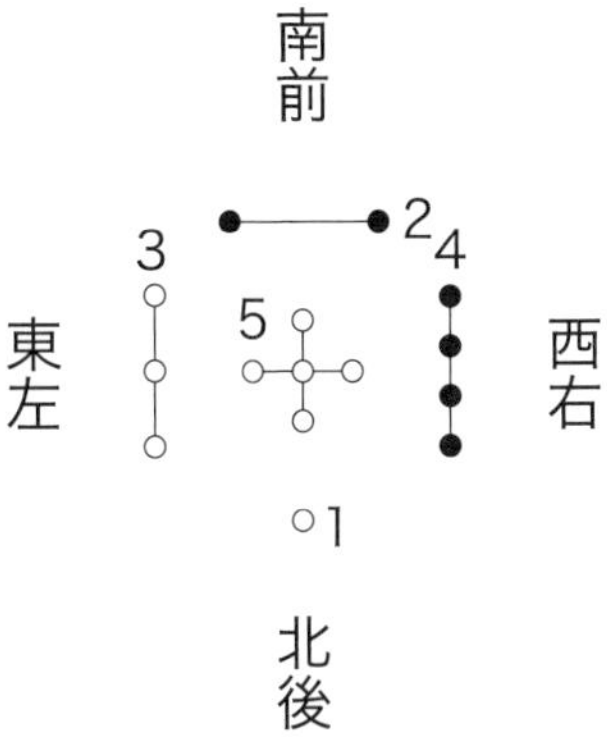

図3-16｜**龍馬河図推理構成見取図**

五行生数１～５。

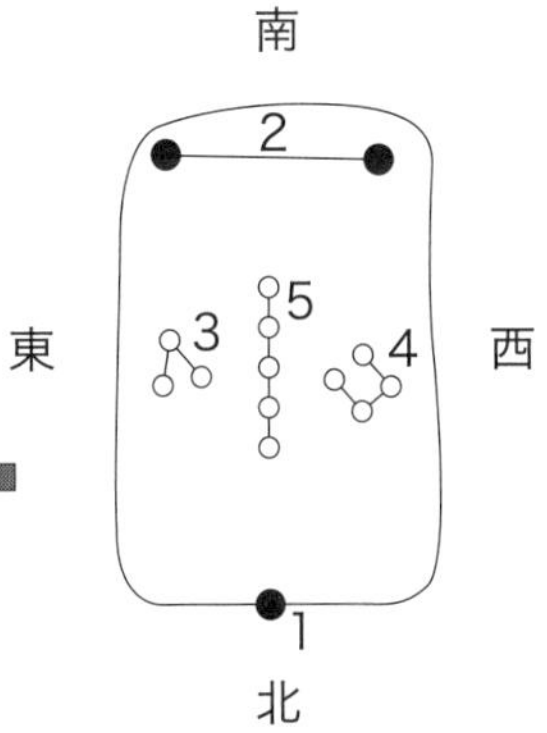

図3-17｜**大湯土版前面構成見取図**

五行生数１～５。

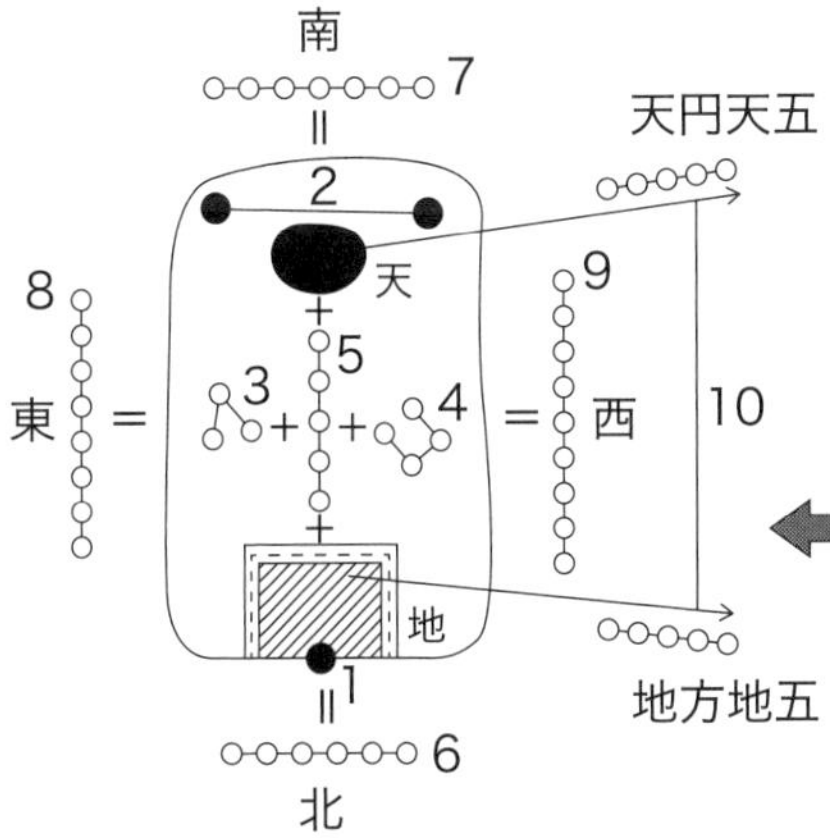

図3-18｜**大湯土版前面推理構成見取図**

五行生数１～５・五行成数６～10。

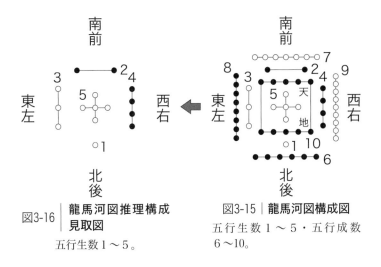

取図（図3―18）である。

五行の生数は原初的で、また、物事にたいして使用が限定されていることを示していて、五行の成数は、相対的に五つの要素が進化し成熟したことを意味する。

5　大湯土版と伏羲

伏羲の原形と思われる出土品の彩陶鯢魚紋瓶《さいとうげいぎょもんぴん》（オオサンショウウオ紋様彩陶つぼ）（図3－19）、1～5数字の鯢魚《げいぎょ》（オオサンショウウオ）構成図（図3－20）は、大湯土版前面と底面図（図3－21）、大湯土版前面と底面構成図（図3－22）と並べて見ると、その顔らしい表情の雰囲気の不思議さと図案模様構成は、相似していることがよくわかる。いわば大湯土版は、伏羲のイメージの理念が潜んでいると考えられ、また、その時代は、すでに何らかの方法で交流があったのかもしれない。

　彩陶鯢魚紋瓶（図3－19）に、描かれた1～5数字の鯢魚構成図（図3－20）の絵図は、尾の1、両目の2、左指の3、右指の4と頚部の蛇腹紋の4本横曲線に、その延伸網格紋を5本目の横曲線として見なすことができるから、加えると5になる。これらは、大湯土版前面と底面構成図（図3－22）の底面の円孔1、上部両端の円孔2、左側の円孔点3、右側の円孔点4と中間位置の縦円孔点5は、数字と位置では同じである。また、天と見なす大円孔と地と見なす四角い溝形状の形成理念は、鯢魚構成図（図3－20）の天と見なす大きな口のような形状と地と見なす下腹部黒塗りの網格紋形状の発想理念と同じに思われる。つまり、図3－20と図3

－22の構図は、極めて似ている。

まさに大湯土版は、縄文時代式の伏義のイメージがある姿だと言えるかもしれない。

図3-19｜彩陶鯢魚紋瓶図

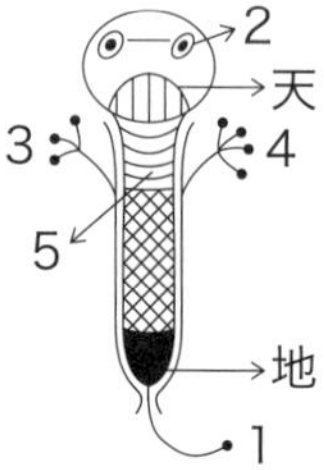

図3-20｜1～5数字の鯢魚構成図

図3-21｜大湯土版前面と底面図

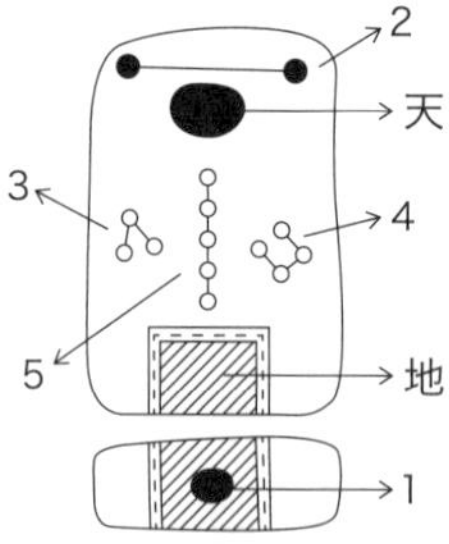

図3-22｜大湯土版前面と底面構成図

6　大湯土版と女媧

女媧である女性のイメージと思われる人物星辰図岩画（図３－23）、１～５円点の人物星辰図岩画構成図（図３－24）は、大湯土版前面と底面図（図３－25）、大湯土版前面と底面構成図（図３－26）と見比べると、人物星辰図岩画（図３－23）に基づき、河図の形成理念を踏まえた上で、作りだした図３－24人物星辰図岩画構成図の、１～５の円点の数字と位置の構図が、図３－26大湯土版前面と底面構成図の１～５の円点の数字と位置の構図と完全に同じである。また、人物星辰図岩画構成図（図３－24）の肩上の横棒状線より上は、天と見なし、横棒状線より下は、地と見なすことも、大湯土版前面と底面構成図（図３－26）の、上の大円孔を天と見なし、下の四角い溝形状を地と見なしたとの構図理念の発想も同じだと思われる。つまり、図３－24は、図３－26との構図が同一に見える。だから、大湯土版に創世女神と言われる女媧の姿が見え隠れしているように思われる。

なお、前記に示した人物星辰図岩画構成図の１の数字は、最下部の円点だが、研究の方向性（前出）によって、人物星辰図岩画は、下腹部の白色円点（女性器かへそか）を数字１と見なしていて、最下部の１の円点を〝月〟に見立てることもできる。真相究明は今後の課題であろう。

図3-23｜人物星辰図岩画図

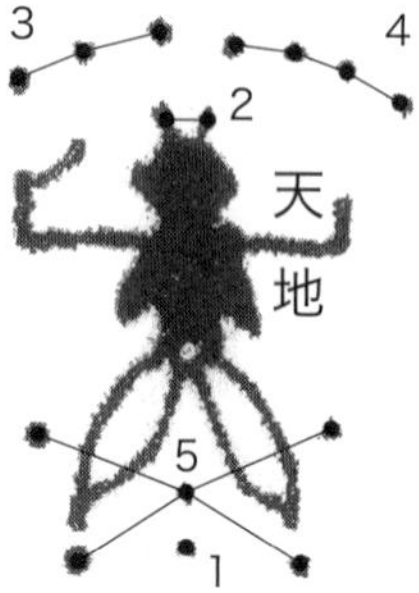

図3-24｜1～5円点の人物星辰図岩画構成図

図3-25｜大湯土版前面と底面図

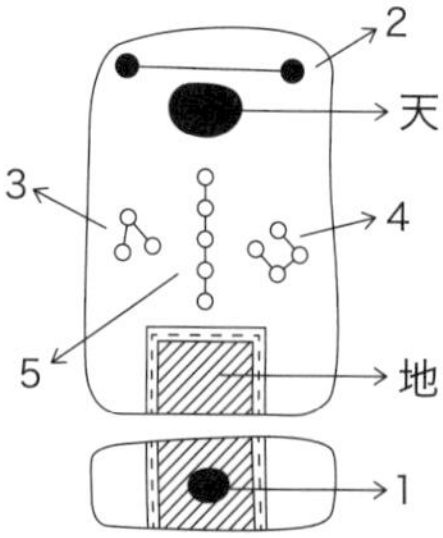

図3-26｜大湯土版前面と底面構成図

7 大湯土版と禹王

古代中国の神話や伝説では、夏王朝を創始した禹王（⑤・224頁）（図3－27夏・禹王像、図3－28・大禹治水像）が、河南省洛寧県境内の洛河（洛水の名も黄河の支流）を通りかかった時に、河から神亀（図3－29）が現れたそうである。

神亀洛書（図3－29）は、天帝から授けられたという天と地の大法であるが、その神亀の甲羅（背面）に一から九までの不思議な模様がある。その構成は中心の頂部位置は九で底部位置は一（戴九履一《たいきゅうりいち》）、甲羅の真ん中の左は三で右は七（左三右七《ささんうしち》）、肩のように位置する左は四で右は二（二四為肩《によんいけん》）、足のように位置する左は八で右は六（六八為足《ろくはちいそく》）、五は中央（以五為《いごい》中《ちゅう》）となっている。神亀洛書（図3－29）の図案模様に基づき、神亀洛書構成図（図3－30）を作成し、図案模様構成の通りを図格（図

図3-27｜**夏・禹王像**

画像：『中国神話・伝説大事典』大修館書店　17頁

図3-28 | **土堀り用の農機具を持った大禹治水像・後漢時代**

禹は、古代中国の伝説的な帝で、夏王朝の創始者。治水の神として中国だけではなく、日本でも崇拝されている。

図3-29 | **神亀洛書**

3－31）に入れ並べるならば、三つの数字は、横、縦、斜めにどの方向を足しても、全て合計が15になる。これを神亀洛書・九宮図（図3－31）と呼んでいる。真ん中の5の数字は固定するから、まわりの数字の位置を移動すると意味のある色々な変数となる。禹王は、この洛書である九宮図に表れてきた各々15の数字をもとにして、変換自由な変数の神亀洛書の献上を受け取って、異なる形の変数字を運用し治水を成功に治めたと伝えられている。この15の数字

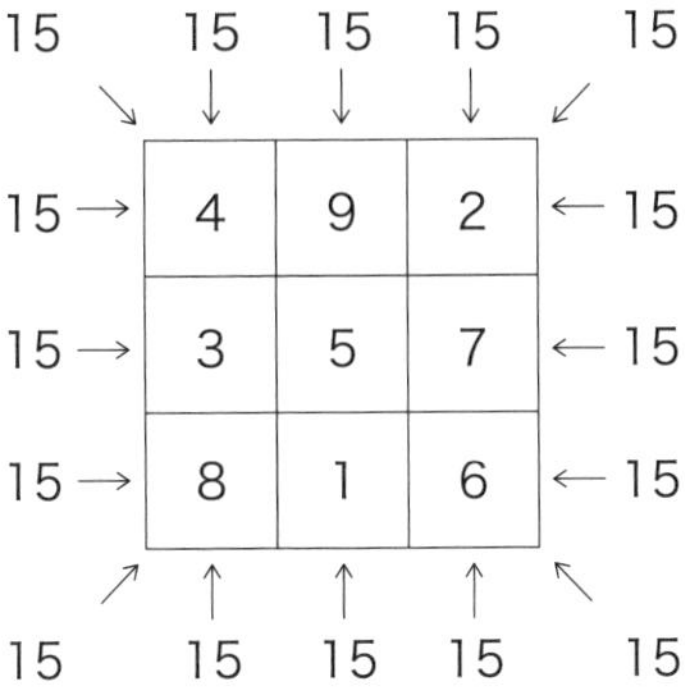

図3-31｜**神亀洛書・九宮図**

三つの数字を横・縦・斜めにどの方向に足しても皆15になる。

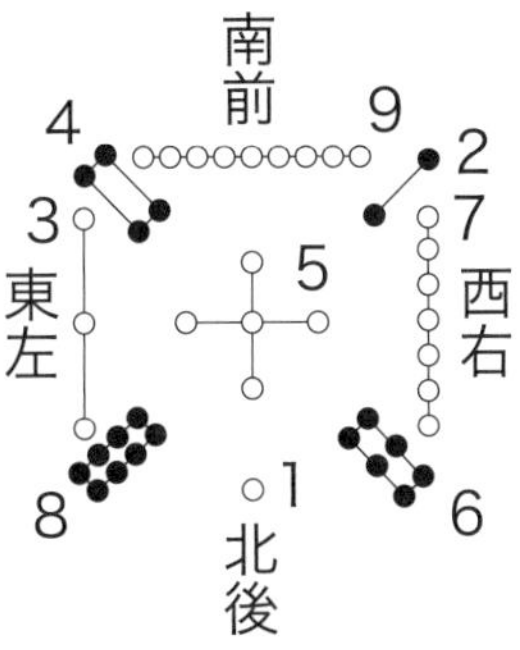

図3-30｜**神亀洛書構成図**

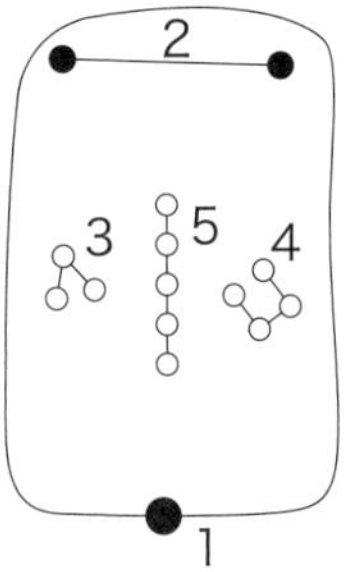

図3-32｜**大湯土版前面構成見取図**

1＋2＋3＋4＋5＝15

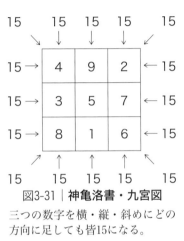

は、大湯土版前面構成見取図（図3―32）の円点合計の1＋2＋3＋4＋5＝15の数字の表現とは同じで、数字上では禹王と大湯土版とは、何らかの意味をもってつながりがあるのではないか。

また、縄文時代後期と同時期の中国夏王朝の創始者である禹《う》・禹王《うおう》は、徳政の名が高く、大禹治水（図3―28・大禹治水像）の別称として、治水の帝王ともよばれている。中国を始め、日本全国各地だけでも禹王治水などとかかわりのある遺跡遺存が100以上ある（新規発見中）。治水や徳政の聖人、賢人ないし神様として大昔から現代まで、禹王の恩徳をしのんだり、記念したりしている。かつて、夏王朝と同時代の縄文、弥生時代は治水工事があったという説を考えると、生業の一つである漁労に携わる縄文時代人は、中国大陸と接点容易な優れた航海技術のもとで、当時の中国大陸の禹王治水活動の情報を手に入れたと思われる。このことで、治水活動のために、互いに何らかのアクションがある事と推測される。それで、後世の治水活動にも影響を与えたのであろう。禹王が日本に来たという情報はないが、禹王に身近な人、或いは禹王に詳しい人たちが日本に治水活動、ひいては龍馬河図、神亀洛書などの文化・文明の要素を伝播しにきていたのかもしれない。のちに間違いなく中国大陸から伝わってきた書物を通じてやって来た禹王の治水活動は、こころよく受け入れられるゆえであろう。

禹王が創作したといわれる踊り方の禹歩についての詳細は、大湯土版と禹歩についての第9章（189頁）の所論に見える。

8 大湯土版と河図・九宮図の15数字

龍馬河図構成図（図３－33）と大湯土版前面推理構成見取図（図３－34）の円点合計は、同一で、同じく15の数字の理念を呈している。すなわち、

⑴ 龍馬河図構成図（図３－33）の中央四角い上の円点天５、真ん中の円点人５、下の円点地５という天人地理念の円点合計は、
天５＋人５＋地５＝15となり、
大湯土版前面推理構成見取図（図３－34）の上の大きな円孔の天５、中央縦円孔点の人５、下の四角い溝形状の地５という天人地理念の円点合計は、
天５＋人５＋地５＝15となる。

⑵ 龍馬河図構成図（図３－33）の１～５までの円点合計は、
１＋２＋３＋４＋５＝15となり、
大湯土版前面推理構成見取図（図３－34）の１～５までの円点合計は、
１＋２＋３＋４＋５＝15となる。

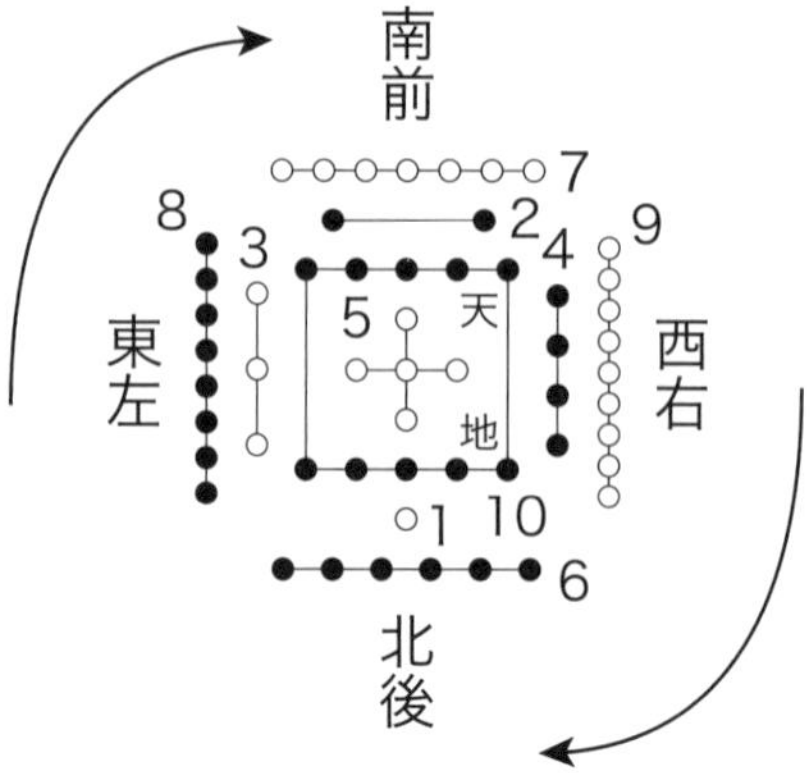

図3-33｜**龍馬河図構成図**

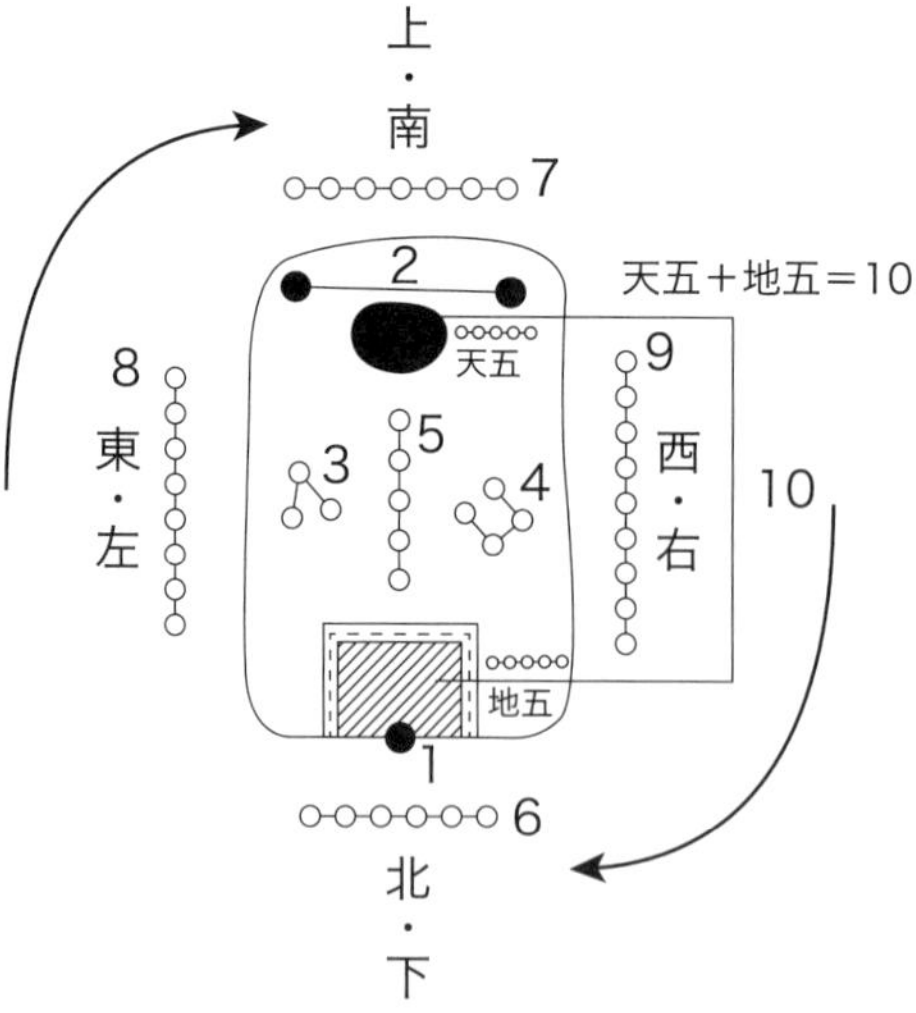

図3-34｜**大湯土版前面推理構成見取図**

(3)　龍馬河図構成図（図３―33）の東（左）と南（前）の円点合計は、東（左）・８＋南（前）・７＝15となり、大湯土版前面推理構成見取図（図３―34）の左と上の円点合計は、左・８＋上・７＝15となる。

(4)　龍馬河図構成図（図３―33）の西（右）と北（後）の円点合計は、西（右）・９＋北（後）・６＝15となり、大湯土版前面推理構成見取図（図３―34）の右と下の円点合計は、右・９＋下・６＝15となる。

したがって、龍馬河図構成図（図３―33）と、大湯土版前面推理構成見取図（図３―34）の15数字の理念は同じである。それに、龍馬河図推理構成見取図（図３―16・69頁）と大湯土版前面構成見取図（図３―17・69頁）では、円点数の１・３・５は陽数と称して合計９になり、円点数の２・４は陰数と称して合計６となる。陰と陽の数をも合わす15の数字と、神亀洛書（図３―35）の九宮図（図３―36）の奇妙な横、縦、斜めの三つの数字が、皆15数字の配列とつながりに化けていく15数字の理念は、大湯土版、龍馬河図、神亀洛書に潜んでいると見なすことができ、数の文化的な要素が共通していると思われる。

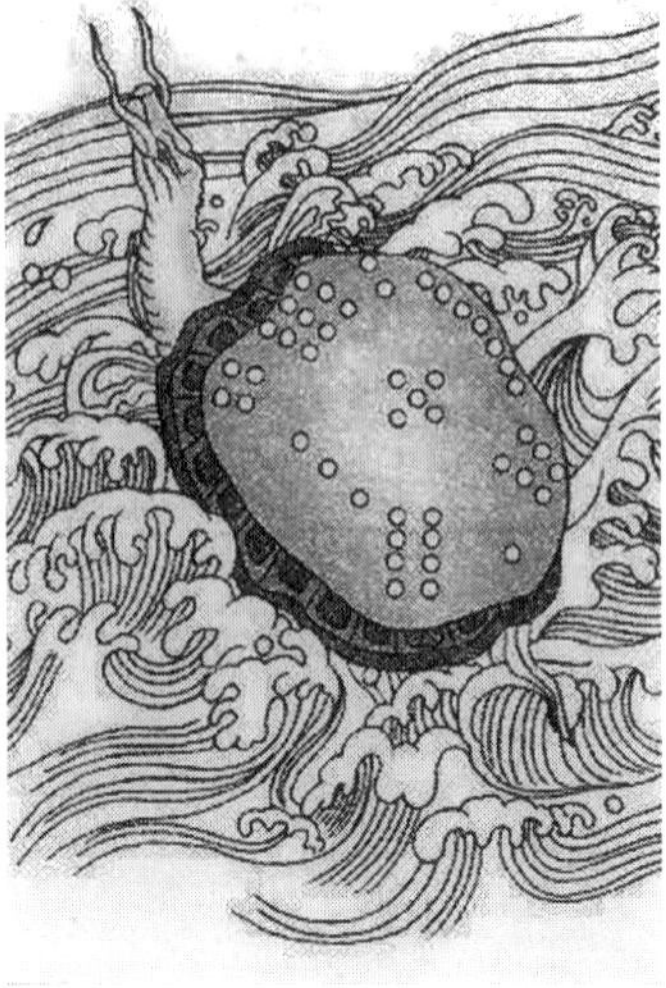

図3-35｜神亀洛書

4	9	2
3	5	7
8	1	6

図3-36｜神亀洛書・九宮図

第4章

大湯土版と陰陽五行思想

1　大湯土版と陰陽五行

龍馬河図は、中国文化・文明の陰陽、五行、術数（卜占）の基本（図４－１・龍馬河図による陰陽五行図）である。漢時代の儒家は、河図は「八卦」（図４－２）であり、古代中国から

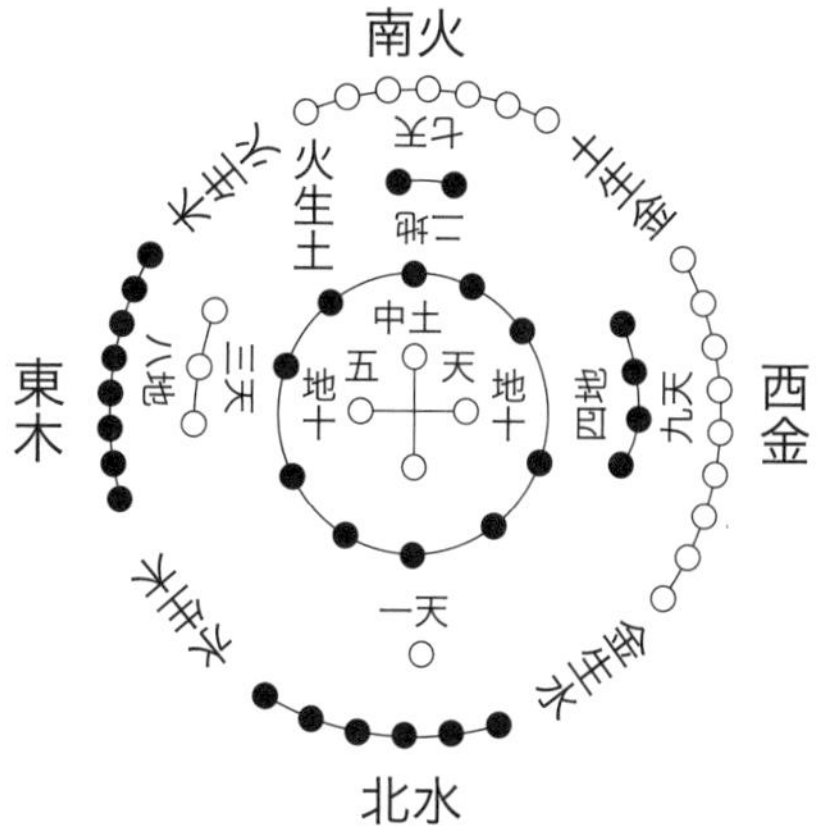

図4-1｜龍馬河図による陰陽五行図

「河図与陰陽五行図［2］」

図4-2｜先天八卦図

伝わる易における八つの基本図像であると考えていた。八卦は、「先天八卦」と「後天八卦」がある。伝説では、伏羲が〝河図〟に基づいて〝先天八卦〟を作り、周文王が〝洛書〟により〝後天八卦〟を作ったそうである。

神亀洛書は、『尚書』（孔子編纂か詳細不明）中の「洪範九疇篇」では、古代中国の伝説上の夏王朝の禹王が、天帝から授けられたという天と地の大法である。

河図、洛書に関する最も古い記録は『尚書』にあるが、その次は、『易伝』の中の「諸子百家」（紀元前7世紀～前2世紀、中国の春秋戦国時代に現れた学者、学派の総称）にも多くの記述がある。そして、龍馬河図の図案模様と同じ理念を持った大湯土版の意義といえば、龍馬河図に見られる陰陽、五行、術数（卜占）の基本文化・文明理念と、そこから派生してきた太極、八卦、周易、六甲、九星、風水等々の理念内包に当てはまると言っても過言ではないのではないであろうか。また、それは、古代版の縄文人の天文学のしるしだとも思われる。どうして何千年も前に生まれたのにもかかわらず、龍馬河図と大湯土版が類似しているのかに加えて、円点模様や、理念の産出も類似しているのか。この事象は偶然的な産物ではないと思われる。

大湯土版については、龍馬河図、神亀洛書のようにロマンチックな神話や伝説は、まだ見つかっていない。大湯土版に記されていた文化・文明の要素概念は、縄文人社会での開花、応用に確認されずに謎のままで、縄文時代とともに過ぎ去ってしまったが、しかし、大湯土版を観察すればするほど、縄文時代の文化・文明の深さへの好奇の念は募るばかりである。縄文人

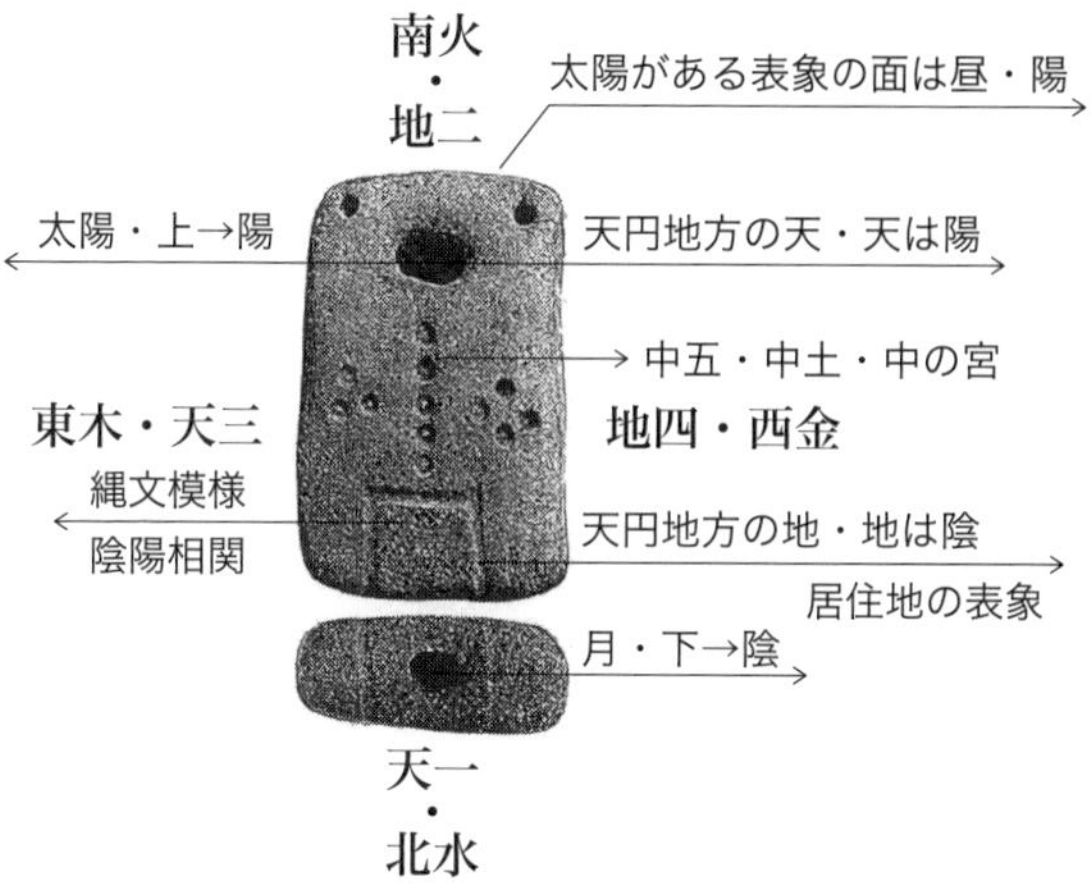

図4-3｜陰陽五行大湯土版前面と底面図

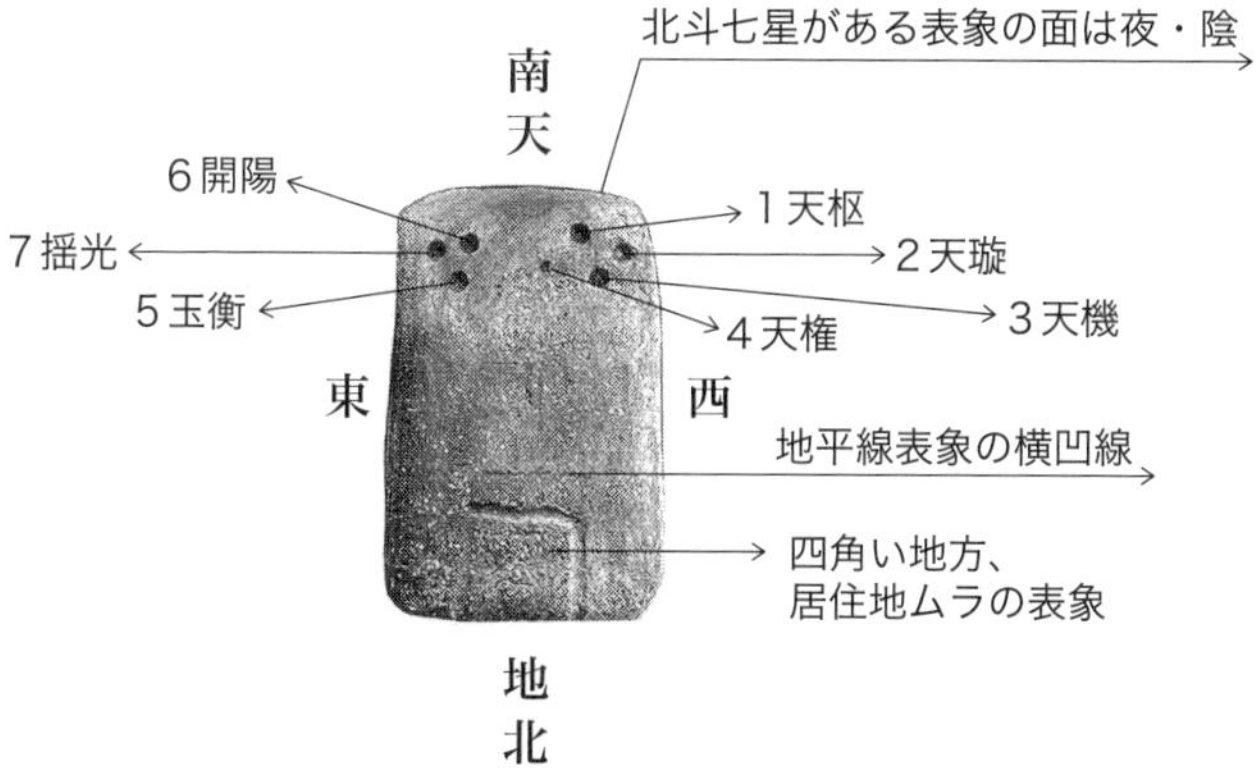

図4-4｜陰陽五行大湯土版背面図

は、陰陽五行などの文化・文明の要素をシンボライズして、大湯土版前面と底面図（図4－3）、大湯土版背面図（図4－4）に表現しているものと思う。

陰陽五行の考えは、長く続いていたと考えられる縄文時代での思想概念的な存在かもしれない。

2　大湯土版の陰陽シンボライズ

陰陽五行とは、古代中国文明の核心である。陰と陽という相対的に対立する整合性のある統一体の思想概念によって、天地間のすべての事象を、陰と陽に分類し、その相互作用や盛衰転化を陰陽合一と考えるものである。

大湯土版は、陰陽の理念を表している。図４－３大湯土版前面と底面図には、大きな円孔が上にあって、天円地方の天の象徴、太陽、火に見立てて陽に属し、四角い溝形状が下にあり、天円地方の地の象徴、その底面の円孔を月、水に見立てて陰に属する。１、３、５の奇数円孔点は陽と見なして、２、４の偶数円孔点は陰と見なす。

また、太陽の表象である大円孔がある大湯土版の図４－３は昼間の陽で、北斗七星の表象と見なす七つの円孔点がある大湯土版の図４－４は夜間の陰である。図４－４は、大湯土版の背（後）面だが、前面（図４－３）の陽に対して背（後）面は、陰になる。天と地の境の地平線と見なす横凹線の向こう側の円孔点北斗七星の表象は天の象徴で、天は上・陽に属し、横凹線の手前側の四角い溝形状は、居住地として地方と見なし、地の象徴で、地は下・陰に属する。日と月は日陽月陰、上と下は上（天）陽下（地）陰、前と後（背）は前陽後陰、昼と夜は昼陽夜陰、奇数陽、偶数陰などの陰陽相対的な相関の理念は、大湯土版に見え隠れしながら表現されている。

縄文人も世の中のすべての物事や人体に関して、陰陽属性の分類（表1）の考えを持っていたと思われる。それに、大湯土版の下方にあった四角い溝形状の縄文模様には、陰陽の理念も示唆されていると思われる。二本の縄目は男と女の表現ではないか、陽男陰女という陰陽概念が表されている。二本の縄文しめ縄を綯《な》える（図4－5）のは、生命の再生を示しているのではないか。古代中国神話上の人類始祖といわれていた伏羲と女媧（図4－6、図4－7）は、左男の伏羲（向かって右）が陽で、右女の女媧が陰であった。人首蛇身（上半身人間で下半身蛇）の蛇のような下半身が、交尾をしているように絡み付く生命の再生と思われる姿は、縄文模様、或いは縄文しめ縄（図4－5）の形を連想させる。また、陽男の伏羲は、左の方から蛇身撚《よ》りにして図4－5の〃a〃のしめ縄の形で、陰女の女媧は、右の方から蛇身撚《よ》りにして図4－5の〃b〃のしめ縄の形だが、『訂正古訓古事記』では「乃詔汝者自右迴逢《ナイジョウルージュアズーユーフェイファン》。我者自左《ウォジュアズーゾァ》迴逢《フェイファン》」という記述が示される。これは、陽の男神イザナギノミコ

表1｜陰陽属性の分類

陰陽の物事に対する分類例

陰	月	水	地	夜	秋	冬	女	寒	涼	重	暗	防備	降下	安静	物質
陽	太陽	火	天	昼	春	夏	男	熱	温	軽	明	進攻	昇上	運動	機能

陰陽の人体に対する分類例

陰	正面	下部	骨肉	五臓	血液	裏虚寒症	抑制	衰退	静止	体圧不足
陽	背面	上部	皮毛	六腑	気力	表実熱症	興奮	亢進	活発	体圧過剰

『中医学基礎』上海科学技術出版社　1978年

トが「あなたは右から回って下さい、私は左から回ります」（図４－８参照）と陰の女神イザナミノミコトに話しかけたのに似通っている。縄目の左側は陽に見立てて、右側は陰に見立てている。図４－８は、遠古時代の中国紅山文化（紀元前３０００年前）の玉璧彫刻画であり、図案模様では、陽の左側がイザナギノミコト（向かって右）、陰の右側がイザナミノミコトと見なされていて、「イザナギノミコトとイザナミノミコトによる国生み」という神話と、関連があると思われる。さらに相撲界の横綱土俵入りなどの際、横綱の下半身である腰にしめ縄をしめるのは、人首蛇身の形や理念と同じように見える。縄文人が認識した上で、陰陽理念の内包を持つ模様や縄文模様を大湯土版にシンボライズして表しており、陰陽二元論がこの頃すでにあっ

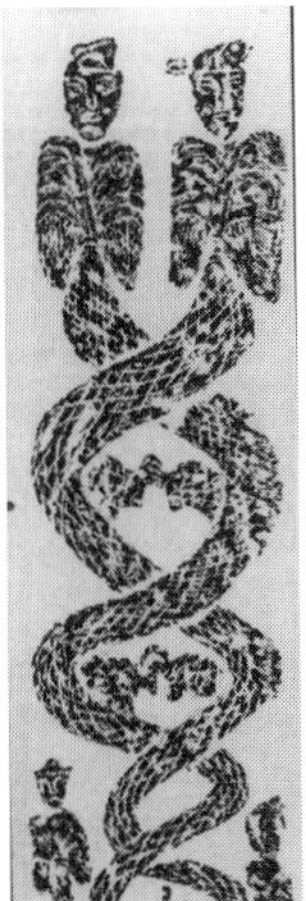
図4-7　伏羲と女媧図・漢時代

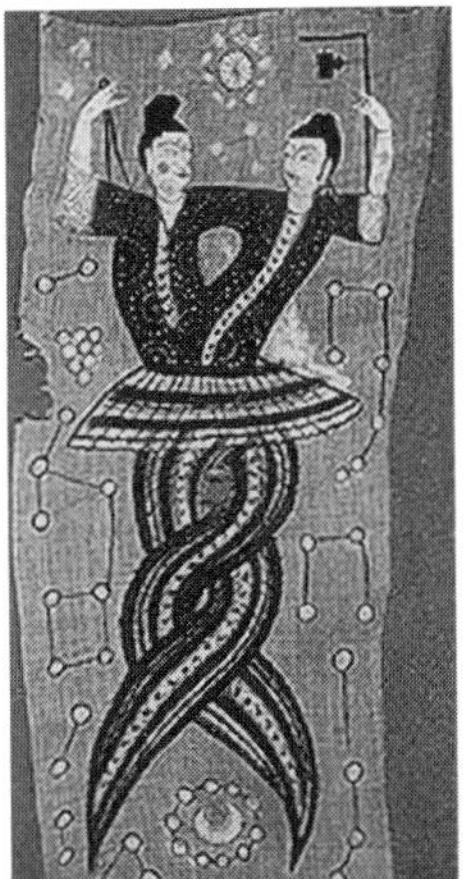
図4-6　伏羲と女媧図・唐時代

図4-5　縄文・しめ縄

たと思われる。

また、人首蛇身の神話や伝説は、古代シュメール、エジプト、ギリシャ、インドなどにもある。古代インド神話上の人首蛇身の造物であるナーガとナーギ（図４−９）の、蛇下半身を絡み付けて交尾する姿は、伏羲と女媧（図４−６、図４−７）の神話と同じである。しかるに日本は、このような神話や伝説がないのであろうか。山梨県、長野県などの各地には、縄文時代中期後半（約４５００年前）に、生命再生の出産を示す人と蛇の模様構成表現の深鉢である人面把手付き土器が存在していた。深鉢の口縁部に内側向きの耳装飾付きの女人顔と向かい合って男性と見なすマムシ（蛇）の姿があった。さらに、蛇婿入り伝説（奈良県）が存在している。こうしたことから、しめ縄の形に生命再生の姿が連想させられる。ここに、古代中国を始め、世界各地の人首蛇身の神話や伝説と何らかの因縁関係があることがみえてくるのではないか。

図4-8｜**玉璧・紅山文化　BC3000年前**
「イザナギノミコトとイザナミノミコトのルーツ関連」中川寿郎氏蔵・提供

図4-9｜**ナーガとナーギ・インド**
「印度神話人首蛇身交尾図［3］」

3 大湯土版の五行シンボライズ

古代中国の文明は、木・火・土・金・水という五つの物質を五行と呼んで宇宙とともに生まれる。なお、この五行が基本的な存在要素（表2）として理解し活用されてきた。五行の数概念は、すなわち五行の〝生数〟で、つまり、水一、火二、木三、金四、土五が五行の数だが、五十の大衍《だいえん》（46頁）の数に対して、これを五行の小衍《しょうえん》の数とも言い、一、三、五は、陽数で合計は九なので、九は陽極の数と呼び、二、四は、陰数で合計は六なので、六は陰極の数と呼ぶ。陰陽両極の数を合わせると小衍数の十五になるが、神亀洛書の横、縦、斜めに三つの数字が、皆十五の数に化ける（神亀洛書・九宮図、図3－31・77頁）とは、陰陽五行の数である。

縄文人社会は、大湯土版を通じて、五行理念が表現されていたと考えられる。龍馬河図による陰陽五行図（図4－1・85頁）を照らして見ると、五行大湯土版前面と底面図（図4－10）では、大円孔である天界、四角い溝形状である地界という天円地方の、上円下方の理念のもとで五行理念が呈されている。底面の円孔は、天一の数で北・冬に見立てて水の本性で陰に属する。前面の上部両端の円孔は、地二の数で南・夏に見立てて火の本性で陽に属する。左側の円孔点は、天三の数で東・春に見立てて木の本性で陽に属する。右側の円孔点は、地四の数で西・秋に見立てて金の本性で陰に属する。真ん中の縦円孔点は、天五の数で中土・中の宮と言い、長夏（陰暦の6月）に見立てて土の本性で陰陽両極に属する。中土の土気の作用の特色は、その陰陽両義性である。また、数としての天一水、地二火、天三木、地四金、

表2｜**五行分類の例**

五行	五季	五気	五方	五化	五畜	五穀	五色	五味	五臓	六腑	五官	五体	五志
木	春	風	東	生	鶏	麦	青	酸	肝	胆	目	筋	怒
火	夏	暑	南	長	羊	黍	紅	苦	心	小腸	舌	脈	喜
土	長夏	湿	中	化	牛	稗	黄	甘	脾	胃	口	肉	思
金	秋	燥	西	収	馬	稲	白	辛	肺	大腸	鼻	皮毛	悲
水	冬	寒	北	蔵	猪(豚)	豆	黒	鹹	腎	膀胱	耳	骨	恐

『中医学基礎』上海科学技術出版社より再作成

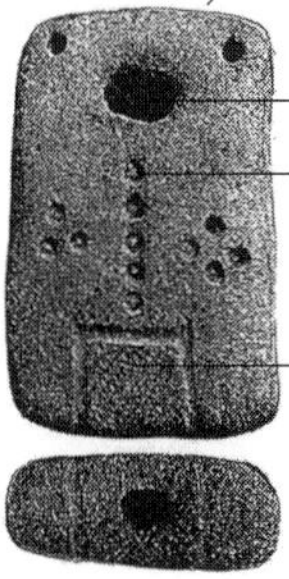

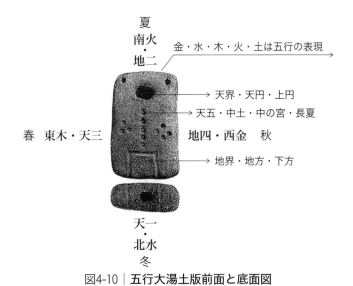

図4-10｜**五行大湯土版前面と底面図**

天五土で、1＋2＋3＋4＋5の合計十五数は、神亀洛書の九宮図の十五数と同じく陰陽五行の数である。

このことによって、大湯土版に自然界のあらゆる現象が、木・火・土・金・水という五行を称して表現される。中央の五つの縦円孔点は、五行の木・火・土・金・水の配列表現にもなる。自然界の森羅万象の変遷は、東南中西北、春夏（長夏）秋冬、木火土金水……という模様図案により、五行は、縄文人によって具象的に大湯土版にシンボライズして表象されたのではないであろうか。

また、五行は、相生相剋《そうせいそうこく》の関係（表3）で、事象が互いに依頼（相生・相互依存）しながら、互いに抑制（相剋・相互抑圧）してバランスを保持している。すなわち、木が火を生じて、火が土を生じて、土が金を生じて、金が水を生じて、水が木を生じるという相生関係と、木が土を剋《こく》（抑制）して、土が水を剋して、水が火を剋して、火が金を剋して、金が木を剋すという相剋関係が、自然界の森羅万象の良性サイクルの摂理である。

表3｜**相生相剋の関係**

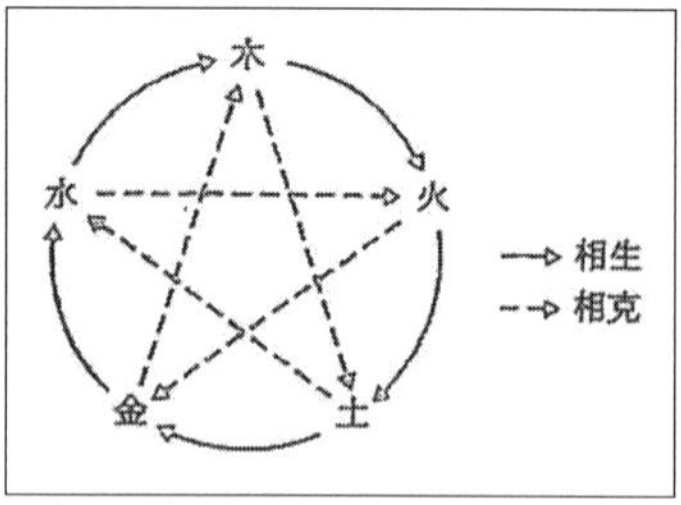

五行の相生と相克の関係

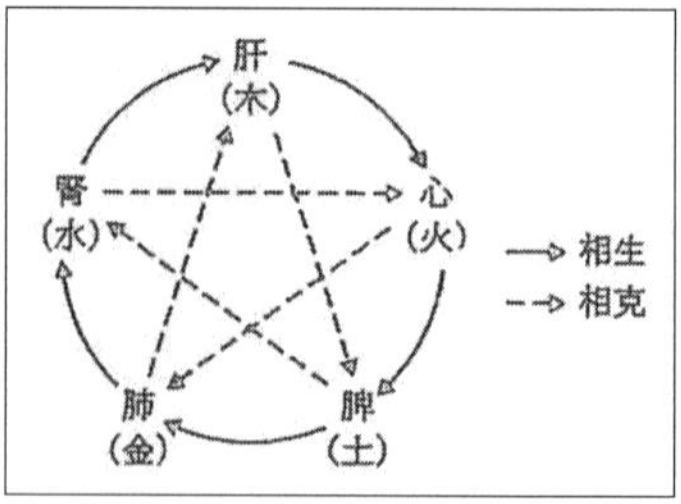

五臓の相生と相克の関係

『中医学基礎』上海科学技術出版社

4　大湯土版の河図陰陽五行図

図４－11は、大湯土版前面と底面図（図４－10）に基づき、編み出した大湯土版天円地方陰陽五行図（図４－11）の図形だが、これ（図４－11）をもとに河図形成理念に準拠して、大湯土版河図による陰陽五行図（図４－12）が演繹できる。

大湯土版河図による陰陽五行図（図４－12）の中の１～５数は原始の生数で、６～９数は原始の生数から派生した成数である。成数のなりたちは、図４－11の大湯土版天円地方陰陽五行図の図案中央の縦円点天五をもとにして、下の円点天一を足すと円点地六・６数（５＋１＝６）となり、上の円点地二を足すと円点天七・７数（５＋２＝７）、左の円点天三を足すと円点地八・８数（５＋３＝８）、右の円点地四を足すと円点天九・９数（５＋４＝９）となる。また、上の大円孔と下の四角い溝形状は、天円地方の理念に基づき、天と地に見立てて、それぞれ円点五数の理念を認めるから、天地合計の数は十数となる円点地十・10数（５＋５＝10）と見なすことができる。したがって、推理して演繹された大湯土版河図による陰陽五行図（図４－12）は、１～10までの数字と配置の模様は龍馬河図理念に備えている。また、龍馬河図に見られる上南下北、左東右西、火上水下、木左金右、中土天地及び天の大円孔⇓陽・地の四角

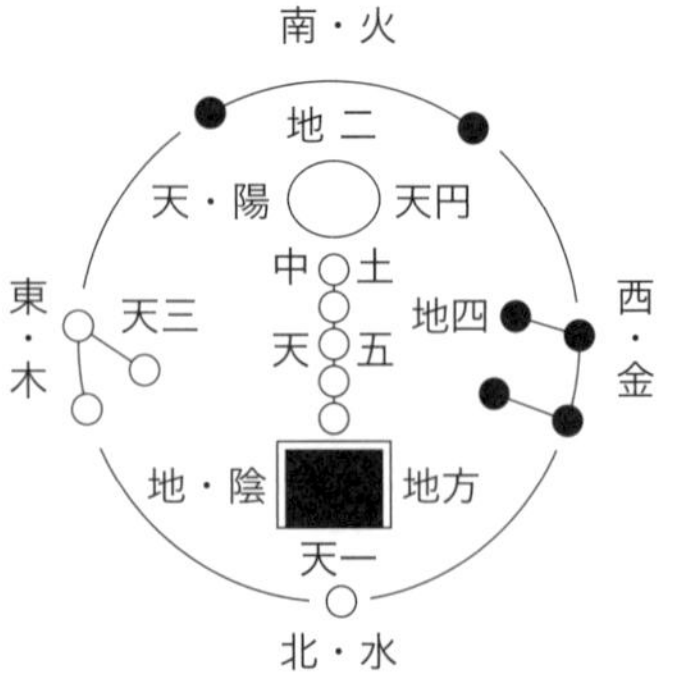

図4-11｜**大湯土版天円地方陰陽五行図**

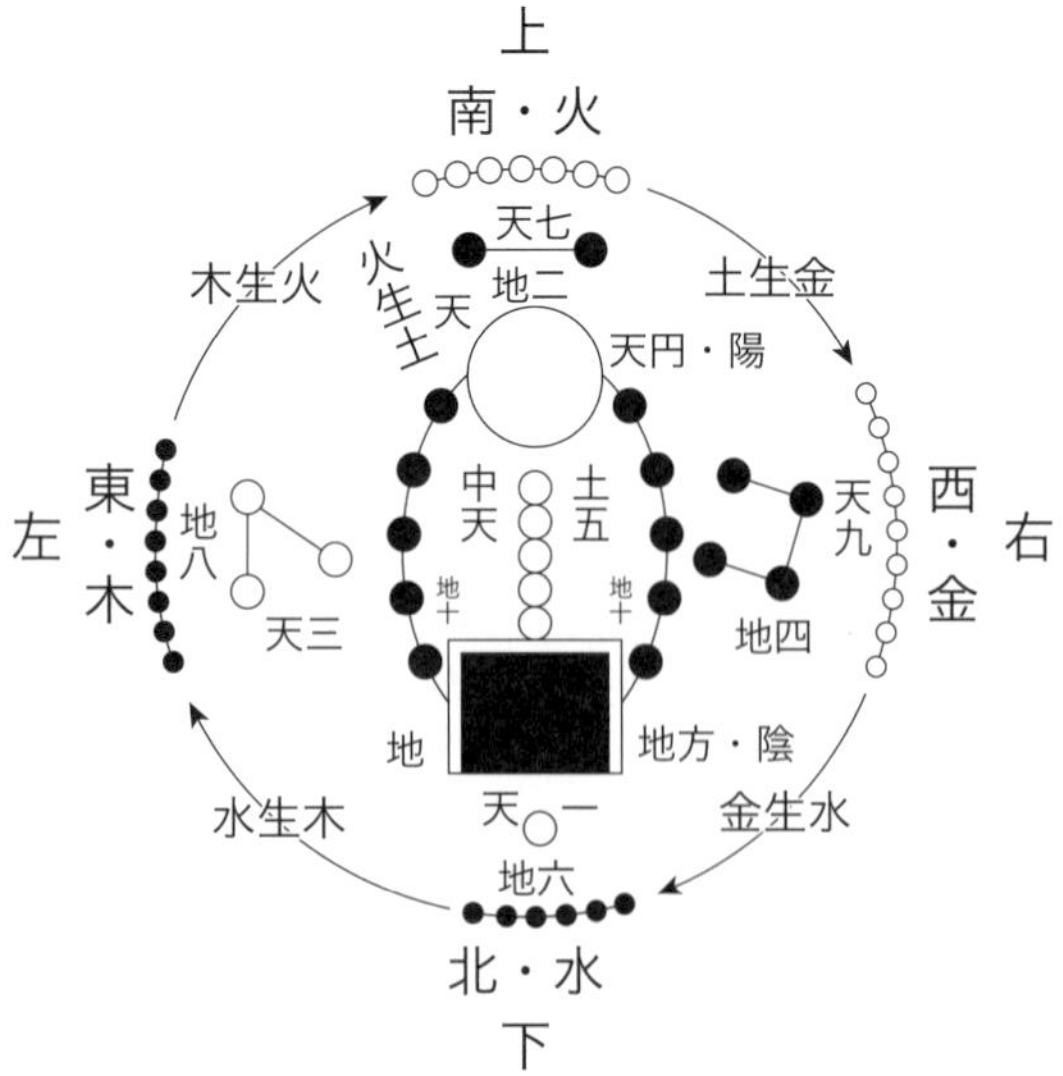

図4-12｜**大湯土版河図による陰陽五行図**

い溝形状⇓陰、白色円点の奇数⇓陽・黒色円点の偶数⇓陰などである陰陽五行の基本文化、文明理念は、大湯土版河図による陰陽五行図（図４－12）に同じように表す。なお、木は火を生み、火は土を生み、土は金を生み、金は水を生み、水は木を生むという木生火・火生土・土生金・金生水・水生木である五行相生理念を組み入れて示される。

したがって、大湯土版天円地方陰陽五行図（図４－11）に基づいて、大湯土版河図による陰陽五行図（図４－12）が演繹できた。

これで、大湯土版は、龍馬河図による陰陽五行図（図４－１・85頁）と同じように、大湯土版河図による陰陽五行図（図４－12）が演繹されて再現するのである。

したがって、大湯土版河図による陰陽五行図（図４－12）の図形表現は、古代縄文文明の一つの証しではないであろうか。

5 大湯土版と勾玉・太極図

曲玉とも呼ばれる勾玉は、コンマ（❜）の形をしているが、しかし、初期の形状は、今日、私たちが目にするものとは異なっている。現下、考古学者や歴史家によって、勾玉、ないし勾玉の形状の起源を説明するには至っていない。用途の詳細も分からない。勾玉の由来は、日本固有の文化だという説が、研究史料、出土品では非常に有力である。しかし、朝鮮半島、エジプトなどの国々が起源だという説も少なくない。

勾玉は、月の形を象徴する月の崇拝（月神）に関連していて、胎児の形を象徴する生殖崇拝に関連しているなど、また、陰陽の思想理念を表すことなど学術界では、さまざまな解釈がされている。日本の勾玉の起源は、いったい、いつの時代かと言えば、おそらく縄文時代にたどり着くのは間違いないであろう。勾玉の形成は謎だが、その発想的な理念内包は、縄文時代の秋田大湯土版にシンボライズのような存在があると推測される。

なお、勾玉の起源について、水野祐氏は『勾玉』(学生社　167、172頁）の中で、次のように語っている。

「日本考古学がいうところでは、我が国の勾玉はエジプト出土の小型の同類の玉を除くと朝鮮新羅の古墳、慶州やその付近の出土品の中に見る以外にはほとんどどこにも存在しない……。勾玉の起源は、古くは石器時代の縄文文化中期以降のいわゆる石器時代勾玉とよばれる垂玉《すいぎょく》の一部のものに、その祖形と思われるものがあることは前節で述べた」とあった。

図4－15は、縄文文化期に見られる硬玉《こうぎょく》の勾玉である。従って、勾玉の起源は、縄文時代からのものだとして、大湯土版に基づいて、次の推理構想を考えている。

大湯土版前面図（図4－13）から、簡略化された勾玉イメージのある大湯土版前面推理構成見取図（図4－14）は、縄文文化期に見られる硬玉の勾玉（図4－15）と並べてみると、両方とも全体像の上部に円孔があるという共通点が存在することで、勾玉の原始の姿と見なされる。大湯土版には、勾玉の思想理念が潜んでいると思われる。やがて、勾玉の形状は、縄文文化晩期頃の勾玉（図4－16）を経て、後世、勾玉形状（図4－17）への進化を遂げていき、ついに陰陽魚である太極図（図4－18・図4－19）への説が有力になってきている。

太極図の歴史は、古い。その起源説については、新石器時代の約5000年前からだと言われている（図4－20参照）。また、古代中国の書物『周易・繫辞上伝』（2600年前～2200年前）に出てくる「易有太極」という言葉は最も古い記載である。

また、勾玉イメージのある大湯土版前面推理構成見取図（図4－14）は、陰陽の思想理念が呈されていると思われる。陽であると見なす大湯土版推理構成見取図（図4－14）の全体は希薄な色で、陰であると見なす黒色の大円孔は希薄な色の陽の中に存在しているから、陽の中に

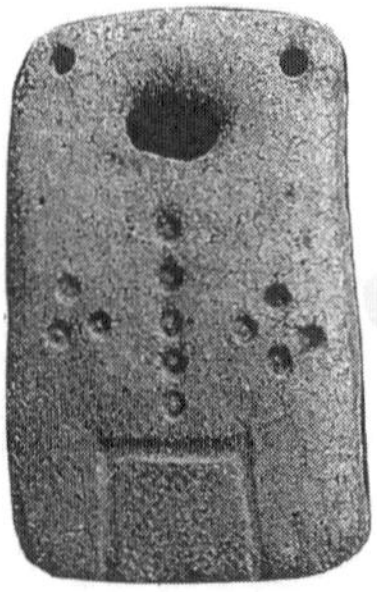

図4-13 | 大湯土版 前面図

図4-14

勾玉・大湯土版前面推理構成見取図

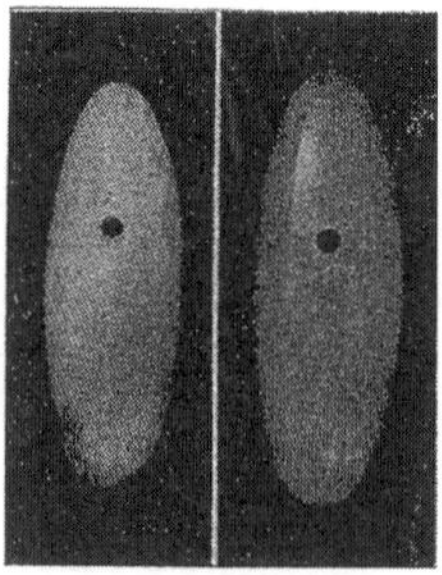

縄文文化期にみられる硬玉の勾玉

図4-15 | 硬玉の勾玉

写真：水野裕『勾玉』学生社　173頁

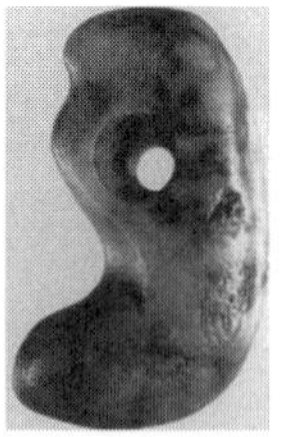

図4-16 | 勾玉・縄文時代晩期

青森県立郷土館蔵・写真提供　風韻堂コレクション

図4-17 | 勾玉

図4-18 | 陰陽魚太極図

陰があり、陰の中に陽があるという陰と陽が対立しながらの関係で、整合性のある統一体との陰陽思想理念に合致している。大湯土版には勾玉の形状理念の陰陽思想も見え隠れしていると思われる。

謎の多い勾玉の出自理念が、陰陽魚である太極図になると、ますます神秘さを深めていき、その答えは縄文文化にあると思われる。

図4-19｜手持ち太極八卦図伏羲像・明時代

写真：賀華章著『図解・周易大全』現代出版社　2014年

図4-20｜**太極図・石彫刻画拓本**

紅山文化BC3000年前　中川寿郎氏蔵・提供

第５章

大湯土版の宇宙観

1 大湯土版の太陽（日）の表象

世界各地の古代の人間社会には、太陽（日）が複数あったために、一つを残して、他を射落としたという神話が、広く伝播している。

マヤ文明、アステカ（メキシコ）創世神話などでは太陽（日）は五つあり（図5－1）、古代中国では太陽（日）は十個（図5－2）あった。「射日《しゃじつ》神話（図5－2、図5－3）」と呼ばれる創世神話の一種がある。中国遠古時代夏王朝の神話では、太陽（日）が十個で三足鳥（図5－4・八《や》咫《た》烏《がらす》）がいた。また、夏王朝の神話では、古代中国の思想で天地・万物を支配する神、造物主である天帝が、古代中国伝説上の帝であって、五帝の一つに挙げられる帝堯《ていきょう》に懇願されて弓の名

図5-1｜**五つの太陽（日）**

アステカカレンダーコインより

図5-2 **紀元前五世紀の戦国時代前期の曾候乙墓の衣装箱の蓋に書かれた数々の太陽を射る射日神話の絵**

図形：何新著、後藤典夫訳『神々の起源・中国遠古神話と歴史』樹花舎　1998年

図5-3 **后羿射日図**

夏王朝の神話で天帝が帝堯の懇願で后羿を射日に派遣。

手の后羿《こうげい》（妻は嫦娥《じょうが》）を射日のため派遣した。后羿は一つを残して九つの太陽を射落としたという神話がある。

日本にも太陽は複数あった。この手の神話や伝説は埼玉県狭山市にもある。二つの太陽の内の一つが男に射落とされて大地に落ちたのは、三足のカラスであったという射日神話である。

その他、関東地方では「おびしゃ神事」という射日神話があり、御奉射《おびしゃ》、御歩射《おびしゃ》、御備射《おびしゃ》などと書く。図5－5は、おびしゃ神事で、太陽中に三本足の鳥を描いた的であり、図5－6は、三本足のカラスを書いた的を射る場面の写真である。その他、太陽中に三本足の八咫烏を描いた的を射貫く祭りの神話がある。太陽を射殺する奇抜な神事は「御日射《おびしゃ》」とも書き、字義のごとく「太陽を射る」神事である。

この射日神話であるおびしゃ神事は、縄文文化が由来だと思われる。中国の黒竜江省、ロシアのシベリアを流れる、アムール川の一帯地域（図5－7）に分布する先住民族のオロチョン族（鄂倫春族）、ナーナイ族（赫哲族）などの民族の神話や伝説では、空にある三つの太陽の内、二つを弓で射落とす。それ

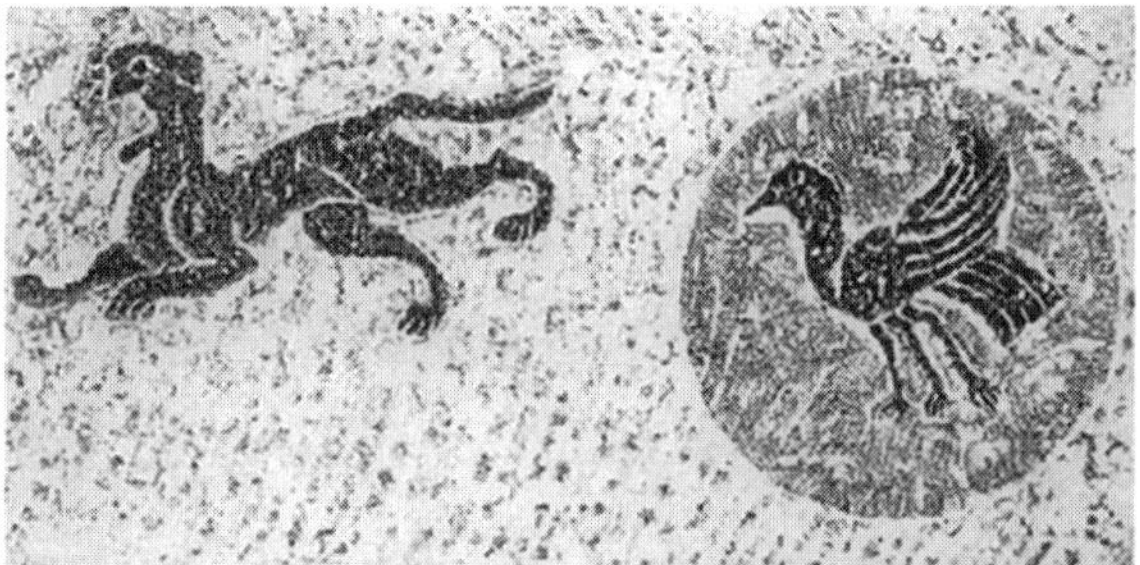

図5-4｜漢時代壁画太陽中の三足鳥図

図5-5　松伏神社の「オビシャ」で使用される的、
太陽の象徴をモチーフに絵が書かれている

埼玉県北葛飾郡松伏町総務課より

図5-6　三本足のカラスの的を射る　千葉県沼南町

写真：安田喜憲『山岳信仰と日本人』NTT出版　12頁　2006年

以前の新石器時代と思われる神話や伝説では、一人の男、または、別に男女が一つずつ石を投げて二つの太陽を落とした神話と関連していて、〝弓〟ではなく、原型は、投げるのが石だから、縄文時代文化とのレベルと類似していると想定させられる。

「また、アムール川中流域にある岩絵は、太陽が三つ輝いていて岩が軟らかかったそのときに描かれたのだとナーナイ族は伝えている」（『世界神話事典』角川書店４３８頁）

このおびしゃ神事は、現在も関東地方、特に北総を中心として行われているが、このような類似の

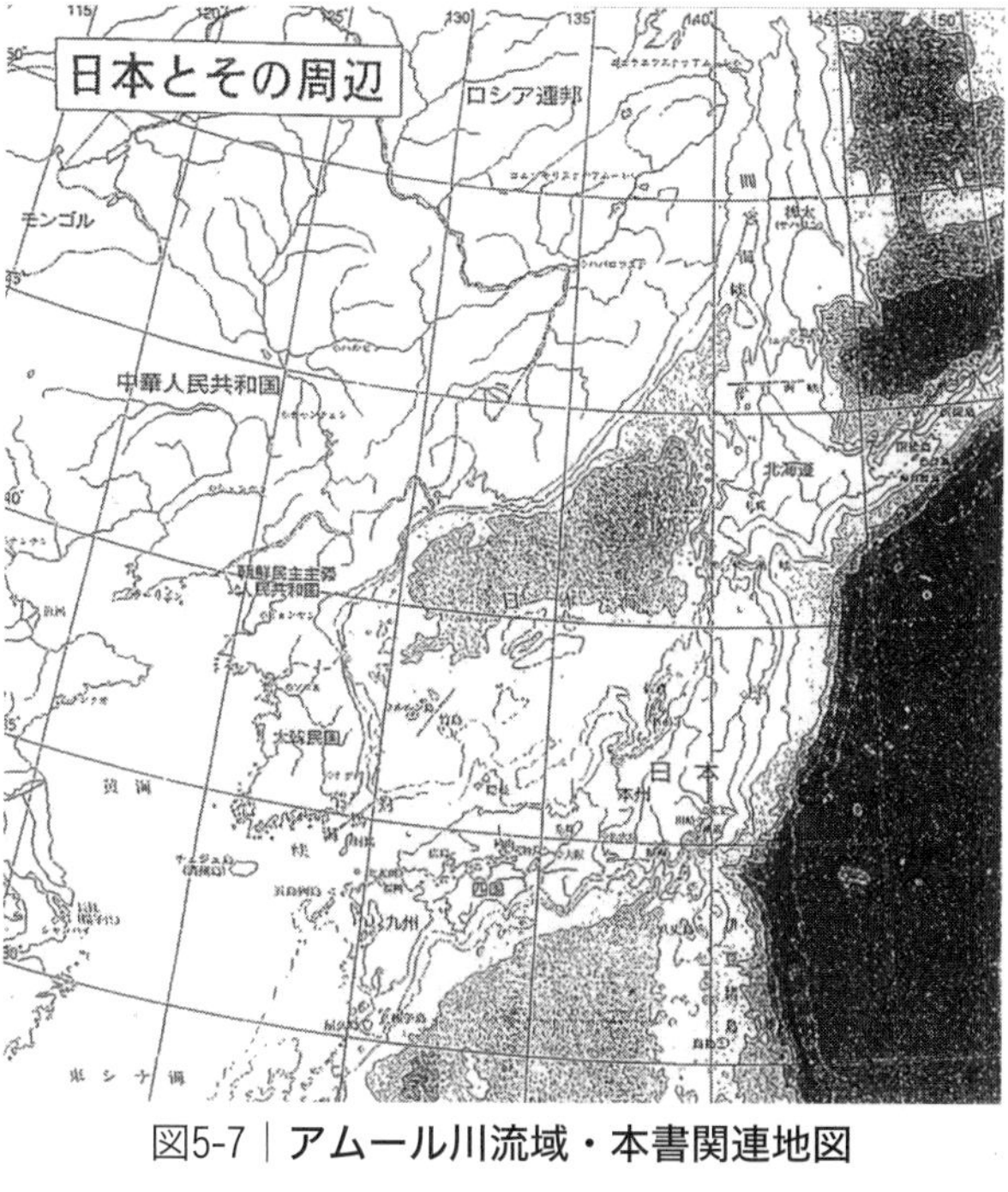

図5-7｜アムール川流域・本書関連地図

射日の神話や伝説は、昔から、オロチョン族、ナーナイ族に隣接する先住民のほか、南方中国地域、朝鮮半島、インド、インドネシア、トルコ、モンゴル、インディアンにも語りつがれている。したがって、日本においても、地理的文化的な条件として北海道をはじめ、日本列島に暮らしていた縄文人社会にも当てはまるのではと連想される。このようないきさつをもとに、大湯土版前面図（図5－8）の上部の大小三つの深い円孔は、複数の太陽のイメージだと見なされる。すなわち、図5－8の上部の深い大円孔は、第一の太陽（日）で現代の太陽に見立てて

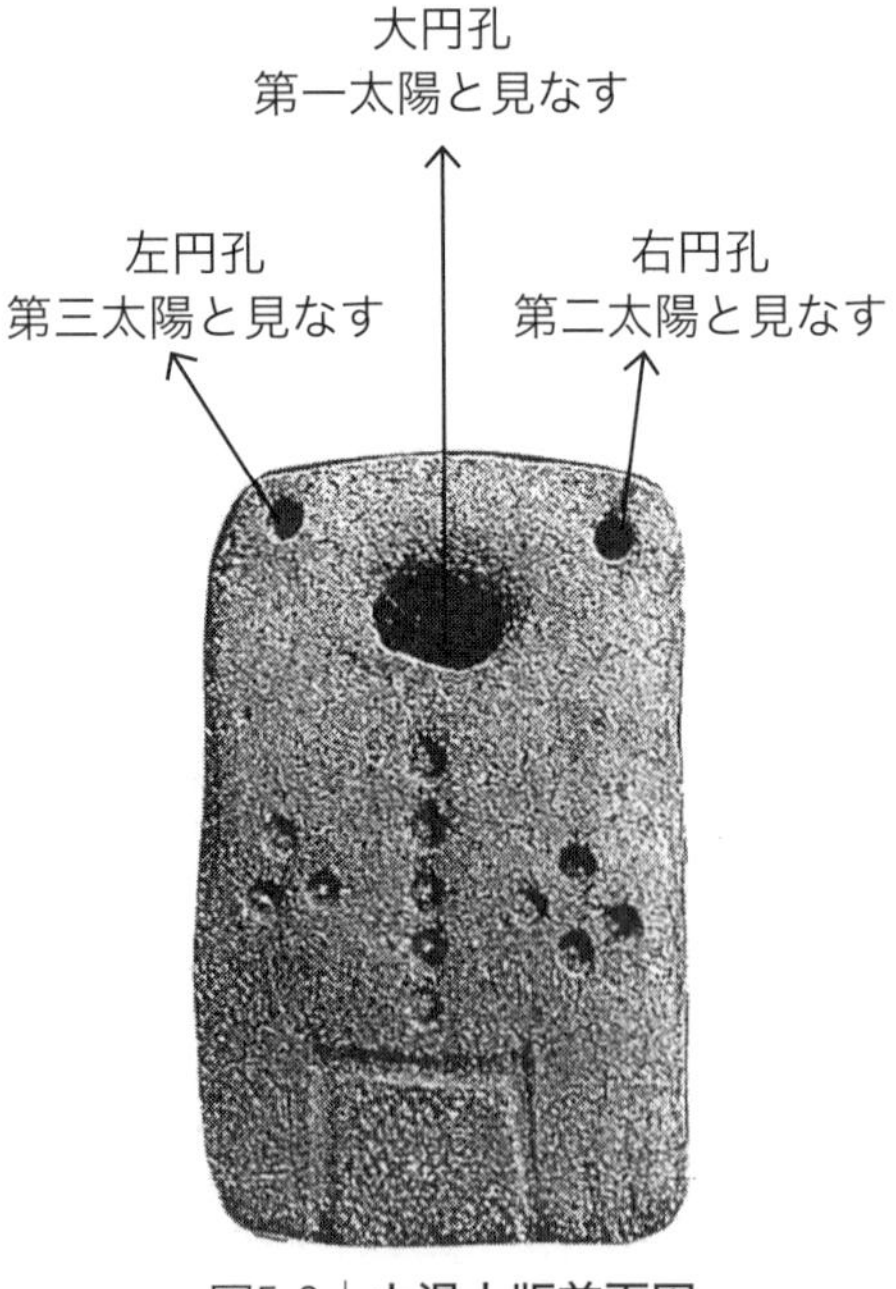

図5-8｜**大湯土版前面図**

いて、左右の両端二つの深い小円孔（向き合って見る）は右側小円孔第二の太陽（日）、左側小円孔第三の太陽（日）に見立てている。本来、太陽は、三つあるとした当時の縄文人社会の神話や伝説の存在が想像される。日本とその周辺ないし世界各地域の、射日の神話や伝説の存在を考えると、昔、時期的に初期の縄文文化社会でも神話上の射日行事の活動が執り行われていたと考えられる。だが、大湯土版前面図（図5－8）の大小三つの円孔の太陽の表象模様は、右側小円孔第二の太陽と左側小円孔第三の太陽を標的とする射日行事の〝的〟ではなかったのかと思われる。

縄文時代人は、大小三つ円孔の太陽の表象模様を大湯土版に具現化し、シンボライズして表現した。「御日射」神事のルーツは、縄文時代の秋田大湯土版からかもしれない。

2 大湯土版の日月星、天人地と洞窟信仰、人間像のシンボライズ

[1] 大湯土版の日・月・星の三位一体のシンボライズ

日神・月神・星神の三位一体は、世界各地の古代文明共通の信仰の姿である。日本の縄文時代の人たちも例外ではなく日月星三位一体の信仰であったのだろう。

縄文人が、大湯土版前面と底面図（図5－9）に宇宙の縮図としての日・月・星に見立てる円孔、円孔点の図案模様を彫り描き、日神（太陽神）・月神・星神の信仰理念に基づいて表現したものであり、日神・月神・星神三位一体のシンボライズだと思われる。

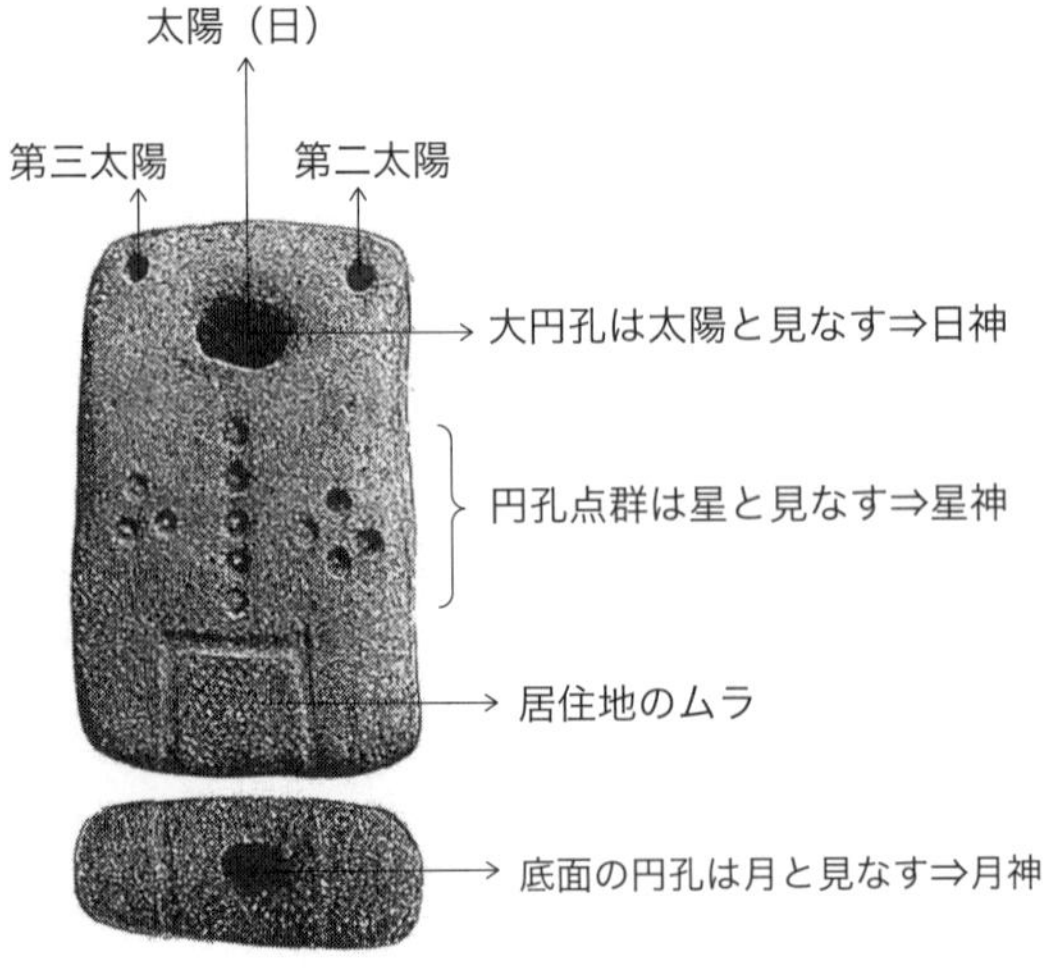

図5-9｜日・月・星　大湯土版前面と底面図

大湯土版上部の深い大きな円孔は、日・日神で、上の左右の深い小円孔は、第二、第三の太陽（日）と見なす。下部の底面の深い円孔は、月・月神で、その中間位置の3、4、5円孔点群は、星・星神に見立てている。下部の四角い溝形状は、縄文人社会の居住地の象徴であり、三位一体の日神・月神・星神を祈禱する場所でもある。縄文人の日神・月神・星神の三位一体の信仰は、大湯土版（図5－9）を俯瞰《ふかん》して見れば、如実に表れているのではないか。

２ 大湯土版の天・人・地の三位一体と洞窟信仰のシンボライズ

また、大湯土版前面と底面図（図5－10）の土版上部の大きな円孔は、天円地方の天で、中間部位の円孔点群は、人間を意味し、下部の四角い溝形状は、天円地方の地として見ることができる。すなわち、天・人・地の三

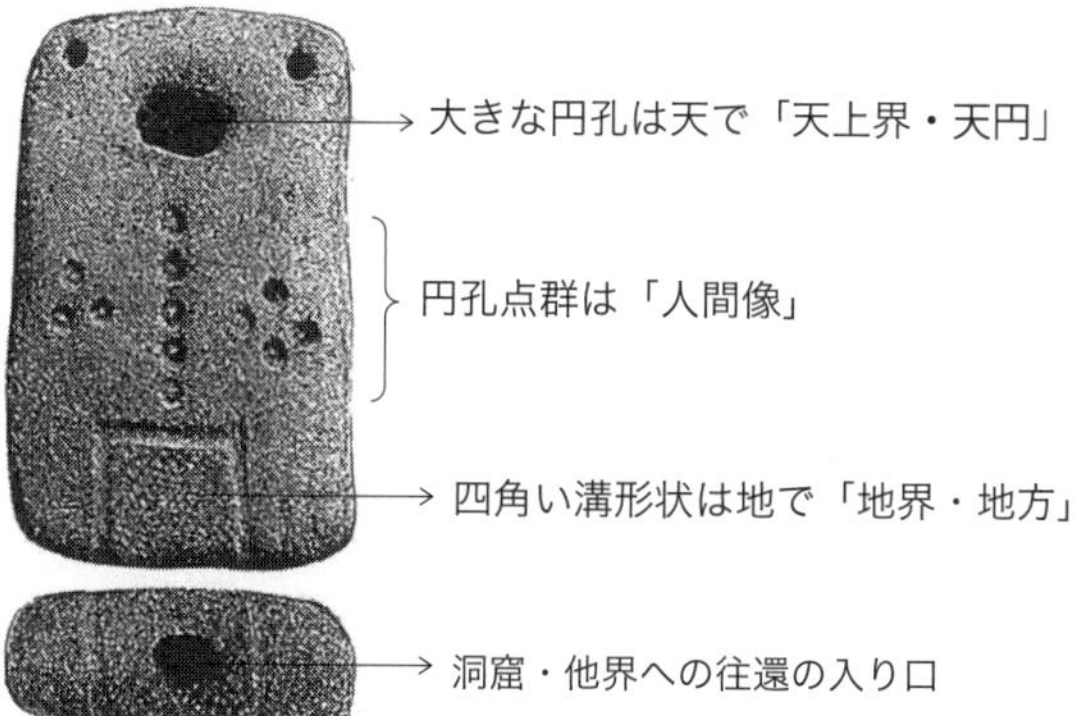

図5-10｜天・人・地　大湯土版前面と底面図

位一体の思想概念をも示していて、大湯土版に表象されたと思われる。

また、日本各地の古代神話や伝説においても、山や海辺の、或いは地面の下の洞窟は、他界への往還の入り口と見なして崇拝・信仰されてきた。おそらく、日本は、縄文時代から洞窟の信仰があったと思われる。大湯土版前面と底面図（図5－10）の土版は、底面（地界）の円孔から、前面上部の大円孔（天上界）までに内部を貫通する径0・6㎝の穴（トンネル）がある。大湯土版の大きさ、縦6㎝、横3・7㎝、奥行き1・5㎝を勘案すると、底面の円孔からの穴の存在が大きいから、洞窟と見られる。縄文人は、天・人・地の三位一体の思想概念のもとで、天円地方である地の四角い溝形状の下の底面（地界）に、他界（天上界）への入り口としてのイメージの穴の円孔を作って、天円地方である天の大円孔までに内部を貫通する穴（洞窟）を設ける。他界（天上界）への道とするため、大湯土版に死と再生の往還の洞窟としての表象を表現したと思われる。地下の底面（地界）の穴である洞窟の入り口から、人魂他界へ結ぶ前面上部の天上界である大円孔までの穴（洞窟）は、天・人・地の三位一体の他界（天上界）への往還の道であって、縄文人の洞窟信仰の精神世界の死生観であり、洞窟のシンボライズであろう。

また、先ごろ行われた、土版底面の穴（トンネル）について鹿角市大湯ストーンサークル館の研究発表（2022年9月20日）では、土版の穴の彫り方は下の底面と上の大円孔の内側の両方から、それぞれ中央に向かって中間部をつなぐ貫通孔を彫ったものである。このことで、縄文人は、他界往還洞窟信仰の理念のもとで、わざと意図的に土版の下の四角い溝形状の底面の地界から、上の大円孔の天上界へ向けて穴を彫り上げる（のぼる）、または、上の大円孔の天上界の内側から、下の四角い溝形状の底面の地界へ向けて穴を彫り下げる（おりる）というそれぞれの向きの作業行為は、まさに縄文時代人の死生往還の精神が示唆されているのではないか。

　大湯土版の底面の円孔の理念内包を考えると、洞窟の信仰のルーツは、もっと早い時期、すなわち、縄文時代からではないであろうか。

3 大湯土版の人間像のシンボライズ

　さらに、大湯土版前面と底面図（図5－11）の模様は、人間に比喩してみれば、大きな円孔は口《くち》、上の両

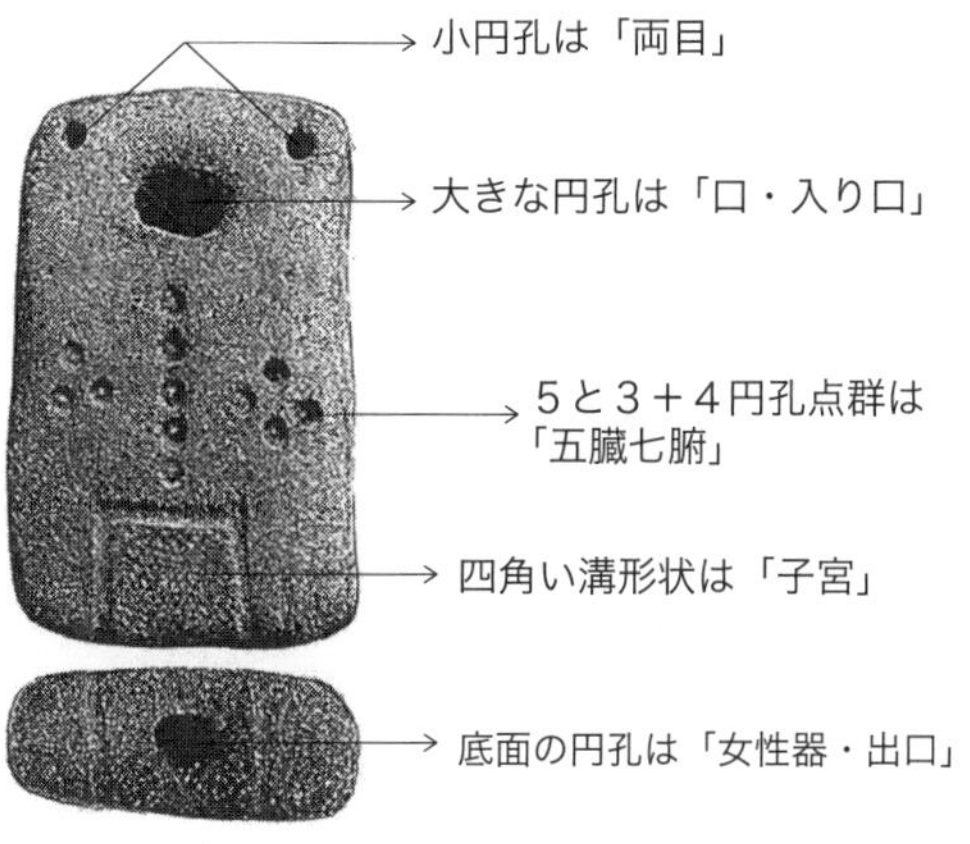

図5-11｜人間像　大湯土版前面と底面図

端の小円孔は目で、中間部位の円孔点群は、人体内臓の器官の表象と考える。縦の5円孔点は、五臓（心、肝、脾、肺、腎）と見なして、両側の3組みと4組み円孔点の合計7は、七腑（胃、胆、三焦、膀胱、大腸、小腸、膵臓）と見なす。昨今の東洋医学における五臓六腑だが、人体にとって無くてはならない膵臓の存在は、触れることが少なく謎のままである。だが、推測《すいそく》したが、縄文人は膵臓の重要的存在を認知していたのかもしれない、六腑に膵臓を加えて七腑にしたのではないか。五臓七腑の理念を大湯土版に五つと七つの円孔点表象模様として表現したのではないか。

図5-12｜**大湯土版背面図**

また、東洋医学では、北斗七星の形状と見なす七つの穴（ツボ）は、北斗七星のように人体の肩背部位に分布していて、北斗七穴（ツボ）の七星台と呼ばれている。古今、鍼灸などの療法で首などの様々な難病の治療に利用されている。大湯土版背面図（図5－12）の、人体の肩背部位と見なすところにあった七つの円孔点は、人体の北斗七星である北斗七穴（ツボ）と見なされるから、七星台の穴（ツボ）の表象模様の存在ではないかと思われる。

それに、底面の円孔は女性器と見なして、その連結している四角い溝形状は、生命を育む存在である。すなわち、子宮に見立てている。また、上部の大円孔を入り口と見なすのに対して底面とつながっている穴（トンネル）の円孔を出口と見なすことができる。

こういうことから大湯土版の模様は、人体像にたいしての表象の存在ではなかろうか。

3 大湯土版の星理念

縄文時代の星、星信仰にまつわる遺跡、遺存だと思われている巨石、巨石群は、奈良県山添村の鍋倉渓岩石群（図5−13）と周辺の巨石群、岐阜県下呂市金山巨石群（図5−14）、宮崎県延岡市神さん山の三角石（図5−21・128頁）など全国各地に数多くあるが、すべて謎である。

奈良県北東部の神野山の山脈にある山添村の歴史は古い。約1万5000年前の縄文文化遺跡の地であり、巨石や奇岩の宝庫でもある。また、近年、山添村のいわくらである鍋倉渓岩石群

図5-13｜奈良県山添村鍋倉渓の岩石群

（撮影筆者）

（図5―13）と周辺の巨石群は、天空の星との信仰関連の研究が注目されている。山添村いわくら文化研究会顧問・柳原輝明氏は、『イワクラ――巨石の声を聞け』（イワクラ〈磐座〉学会編著、遊絲社、１４５頁）の中で、次のように記している。

地上の磐と天空の星の対比：夏の大三角形
「天川と鍋倉渓
神野山頂上の王塚と白鳥座のデネブ
八畳岩とこと座のベガ
天狗岩と鷲座のアルタイル
竜王岩とさそり座のアンタレス」

このことは、鍋倉渓岩石群と周辺の巨石群が天空の星と関連があると思われ、縄文時代の星信仰の一端がうかがわれるであろう。

確かに縄文時代後期の秋田県鹿角市大湯環状列石を始め、

岐阜県下呂市金山町瀬字高平

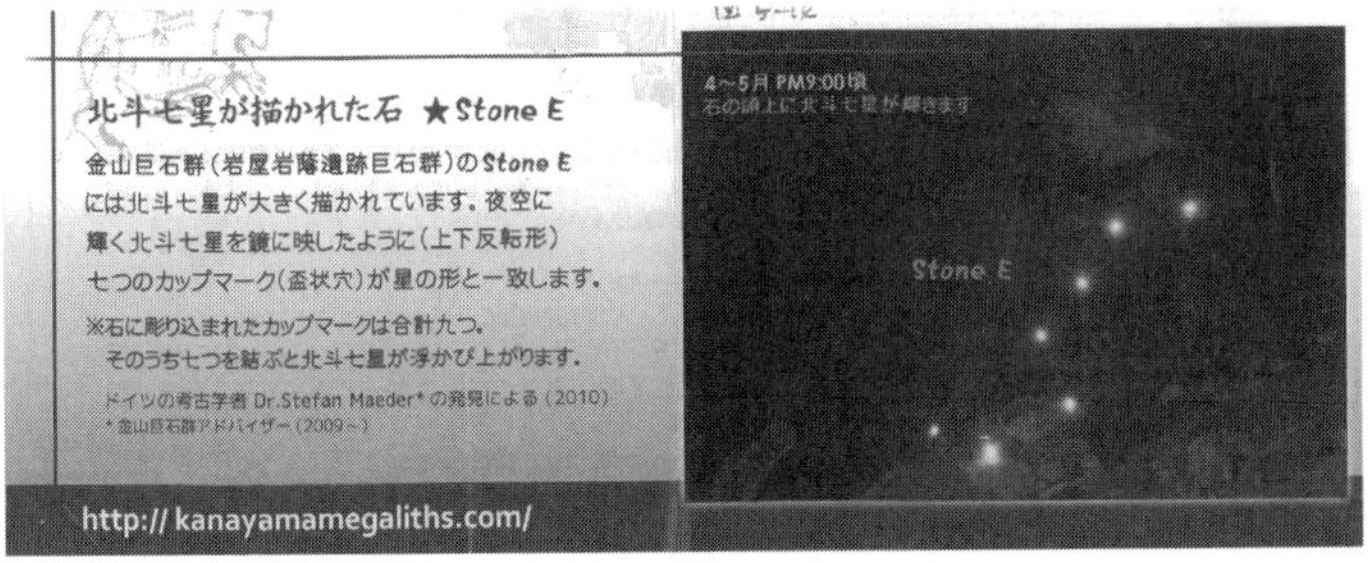

図5-14｜北斗七星が描かれた石

岐阜県下呂市金山町観光協会・写真提供・パンフレットより

太陽信仰、星信仰のストーンサークルのような存在は各地にあった。縄文などの古代文化にかかわる星信仰らしい造物或いは、神話や伝説は少ないが、星にまつわる神社は、たくさんある。特に関東地方に星神社が数多くあるが、関西には星神社が少ない。原因のひとつは、一説によると大和政権との関係にあったそうである。日本古来から、北極星もしくは北斗星に対して北辰・妙見と呼んでいる。

妙見信仰は、即ち北極星の信仰であり、例をあげれば、岐阜県下呂市金山町岩瀬の岩屋神社（妙見神社）の鳥居の向こうに岩杜の岩陰遺跡がある。

また、大阪府交野市にある妙見信仰の星田妙見宮（図5－15）は、北極星を神格化したそびえたつ妙見様を祀るご本堂に、境内に施置された北斗七星位置のモニュメントがあり、北斗七

図5-15｜星田妙見宮本堂

（撮影筆者）

星が北極星を軸に回る（斗転星移）ように視界を捉えることができる。いつの時代から、どのような形で日本列島に星信仰、つまり、妙見信仰が始まったか。妙見信仰のルーツについては、「星田妙見宮由諸書」の中で、次のように述べられている。

「星に対する信仰は、既に原始人にもありましたが、運命の司配神としての星辰信仰は、西暦紀元前三千年頃の古代バビロニアに始まります。その後古代インドのバラモン教やヒンズー教を経て大乗仏教に入り、三～四世紀の中国で魏晋の時代に仏教としての妙見信仰が確立します。朝鮮半島に伝わった妙見信仰は、韓民族固有の北斗七星信仰と習合し、推古五年（五九七年）に百済聖太子阿伍によって日本の聖徳太子に伝えられました」

との妙見信仰の伝来の詳しい内容である。だが、古代バビロニアと同時期同年代の縄文文化期に、星信仰の様子が、大湯土版の図案模様によって示されていたと思われる。星信仰或いは星神社、妙見宮、妙見堂などのルーツは、縄文時代からだと言われてきている。しかし、動的な立証は未だに見えてこないが、ここで大湯土版の発見によって、これに基づいて縄文人の、星に対する理念、星信仰への解読につなげることができるかもしれない。

１　大湯土版の北極星の表象

縄文時代は、生存条件のひとつとして星信仰が行われたが、星の中心的な存在は、北極星だとの考えを持ったに違いないであろう。そのために北極星もしくは、北極三星と北極六連星の表象として、図5ー16の北極星大湯土版前面構成見取図によって表現されている。それが、日本の、後世の北極星である妙見信仰や天帝（39頁）が住まう帝星である北極星を中心説にした神話や伝説のルーツではないであろうか。

図5ー16は、大湯土版前面と底面図（図5ー17）、大湯土版前面見取図（図5ー18）の模様を簡略化した北極星大湯土版前面構成見取図である。

図5ー16北極星大湯土版前面構成見取図は、上部に大小深く彫られた三つの円孔と、中間部に五つの縦円孔点によって構成された模様だが、これらの模様は、北極星だと見なされる。

大きな円孔は、北極星で古代中国では、帝星、北辰、鉤陳一《こうちんいち》と言い、上部左右端の深い二つの円孔は、北極星の伴星と見なして、開陽と左枢を呼ぶ、合わせると北極三星すなわち、北極三連星である。続いて、大きな円孔は、北極星で、その下の五つ縦円孔点とは、北極六連星すなわち、小熊星座に見立てている。日本での妙見の表現は、北極星を指している。

図5ー16の北極六連星の表象模様は、古代中国天文北極星座図（図5ー19）の小熊星座である北極六連星の表象と、奈良県明日香村のキトラ古墳壁画天文図（図5ー20）に示された北極六連星の表象模様とに図らずも一致している。

また、奈良文化財研究所研究報告第16冊（24頁）の『キトラ古墳天文図星座写真資料』では、

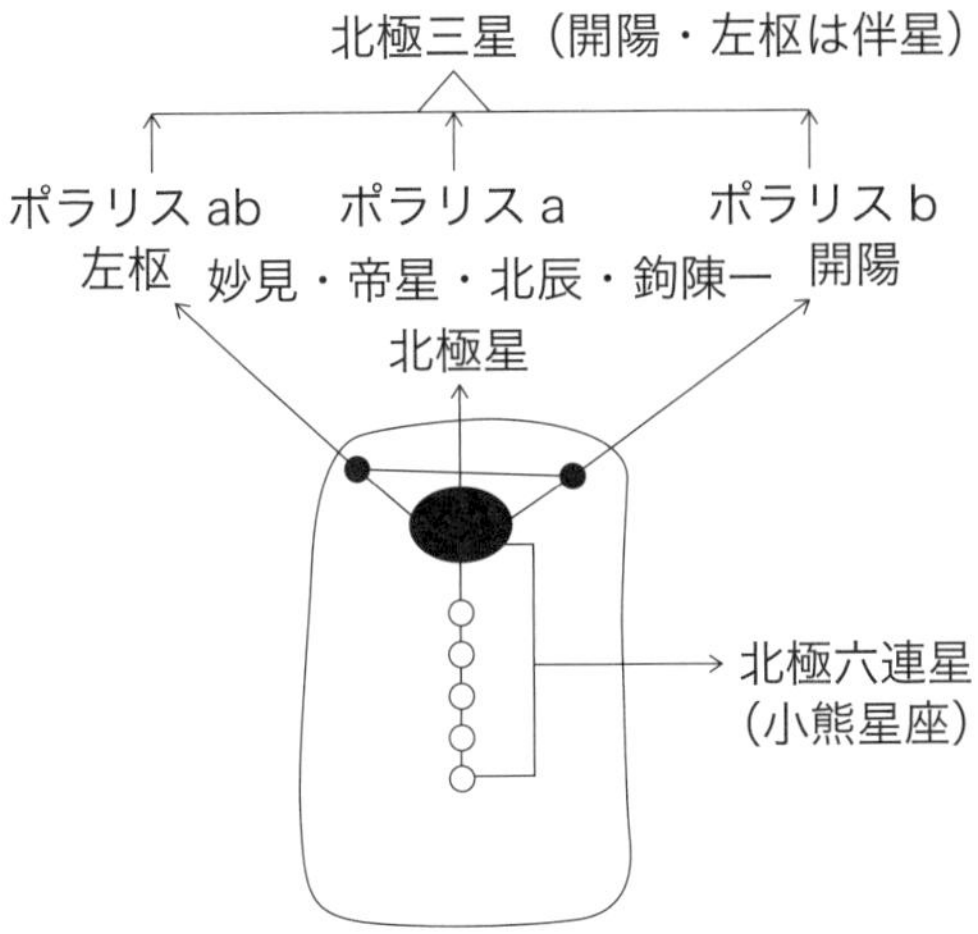

図5-16｜**北極星　大湯土版前面構成見取図**

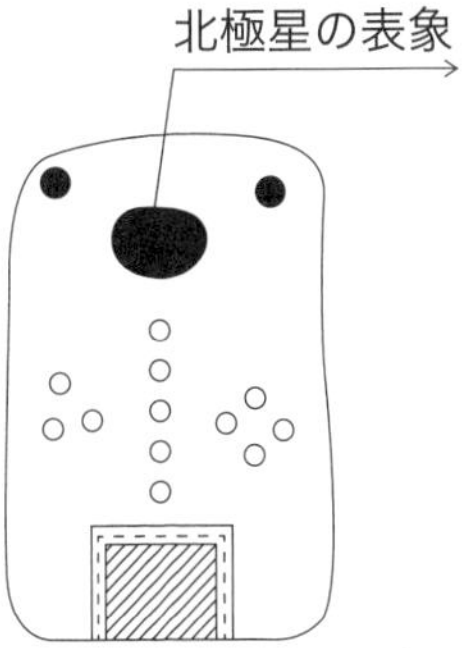

図5-18｜**大湯土版前面見取図**　図5-17｜**大湯土版前面と底面図**

次のように記されている。「北極・天文図の中央に位置し、6星からなる。……6星である明確な理由は不明であるが、古代中国の星座には、天極付近に6星からなる星座『鉤陳《こうちん》』があり、両者が混同された可能性も考えられよう」とあった。すなわち、古代中国をはじめ、日本も〝北極六星〟という思想理念が各々天文図で模様表現されたのではないかと思われる。しかし、古代の北極六連星のルーツは不明だが、大湯土版前面構成見取図（図5―16）に示されたと思われる北極六連星の表象をさかのぼれば、縄文文化との深いつながりを思わざるをえず、うなづける。

また、宮崎県延岡市北川町祝子川《ほうりがわ》にある神さん山は、「巣ノ津屋洞窟遺跡《すのつやどうくついせき》」という縄文遺跡の一部である。北極三星に関して、樋口元康氏は、「星たび.com」の中で、巨石群の宮崎・神さん山の三角石（図5―21）について、次のように記している。「時代を遡れば歳差運動により今とは違う星が北極星として存在していた。ところ

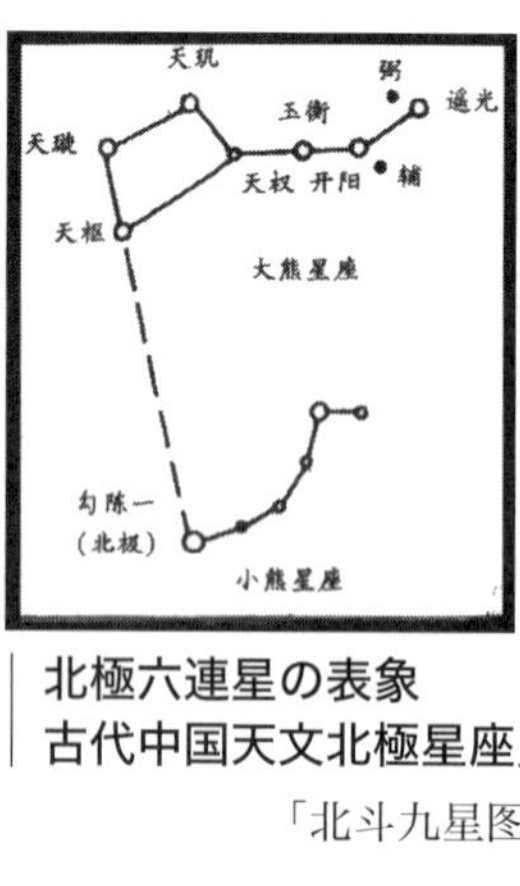

図5-19　北極六連星の表象
古代中国天文北極星座見取図
「北斗九星图片［4］」

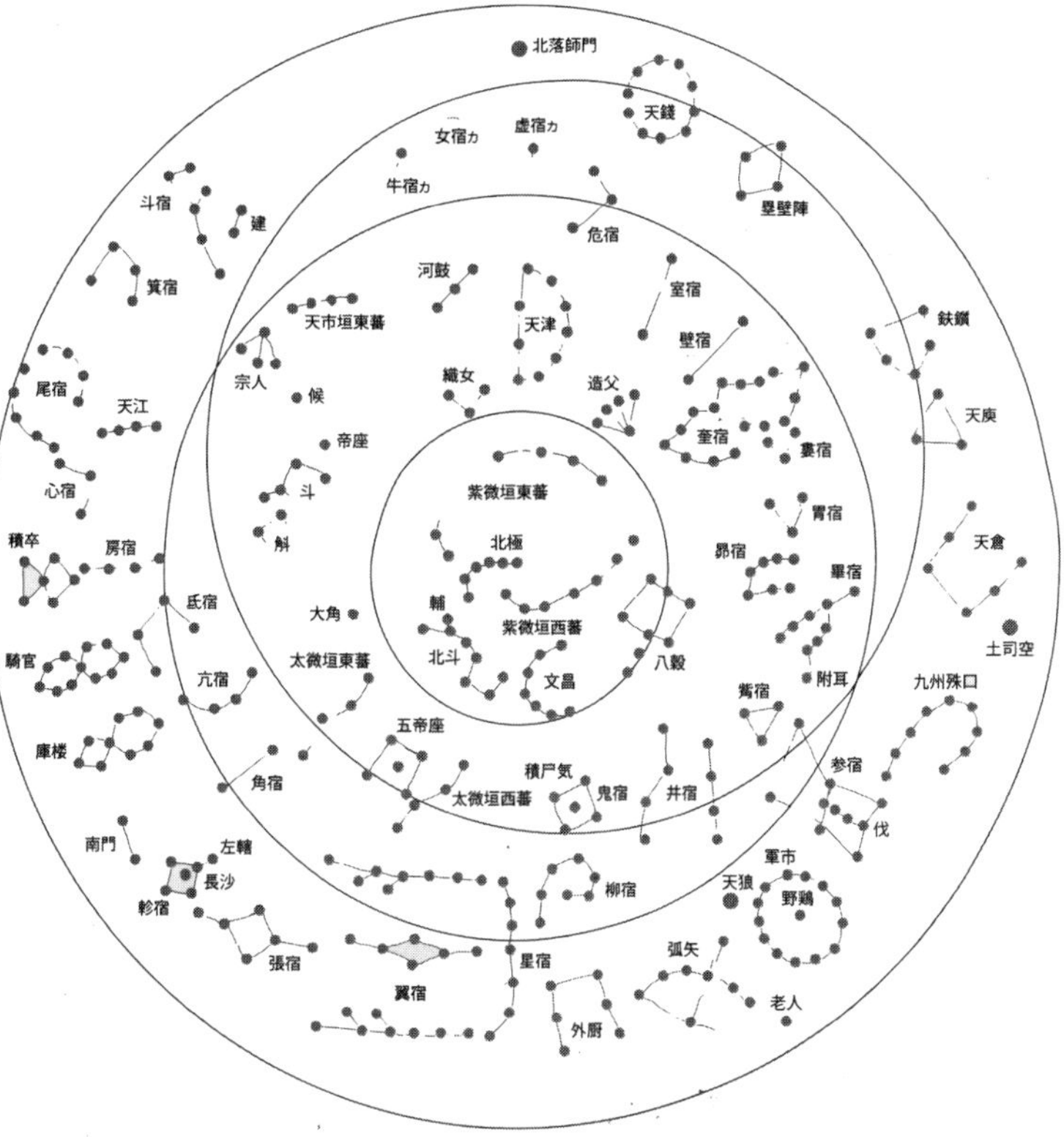

図5-20｜**北極六連星の表象　キトラ古墳壁面天文図（復元トレース図）**

『キトラ古墳天文図星座写真資料』奈良文化財研究所研究報告第16冊・PL3

が、縄文時代の早期に天の北極付近に輝星が見当たらないことが天文シミュレーションによりわかり、詳しく調べたところ、後期旧石器時代から縄文時代早期には、天の北極を囲むように3つの星があった。3つの星でできる三角形を写し取った形が、三角石ではないか」とあった。これで、大湯土版前面構成見取図（図5－16）に表された北極三星理念の表象が連想させられる。

古代人が思った北極三星、北極六星の意義は大湯土版に見え隠れしているかもしれない。

そして、現代天文学が北極星に対して北極三星理論のポラリスa、

図5-21｜延岡市北川町川内名・三角石

宮崎県延岡市北川総合支所地域振興課・写真提供・パンフレットより

ポラリスb、ポラリスａｂとは、位置表現がまったく同じではないが、三つの星の数では同じである。それに、大湯土版前面構成見取図（図5−16・125頁）の北極六連星円孔点の表象は、小熊星座（図5−22）の星の数と同じに見える。

また、北極星、つまり北極三星は少なからず各地のお寺では、三位一体の妙見菩薩として信仰されて、祀られているようである。当然、今のところ北極星は、三つの星だとの認識を持ちながら、妙見菩薩（北極星）への信仰を行うわけではない。しかし、各地の寺院などの妙見菩薩像、絵などを拝見すると、北極三星というイメージが存在し、それなりの由緒の説話、伝説及び背景には、北極三星の思想理念的な要素が見え隠れしていると思われる。

奈良県斑鳩町の法輪寺は正式名称は、妙見山法輪寺である。

境内の妙見堂は、妙見菩薩信仰として、

図5-22　小熊星座　春の北空を示す夜８時の北極星が六連星のように見える

「北極星図片［5］」

北極星仏様である妙見菩薩をご本尊としている。

毎年4月15日に妙見会式が行われ、ご本尊が開帳される。２０１９年に筆者は幸運にも参列させていただいた。ほぼ等身大で佇む妙見菩薩像、光背に施した28の円形仏像星座図のご本尊と左右両脇に小さい両像との三体の妙見菩薩像を参拝することができた。

法輪寺の拝観案内では次のように紹介されている。

「秘伝の妙見菩薩立像は十一世紀の頃の作とされ、現存する最古の木彫り妙見像ともいわれます。妙見菩薩脇侍立像二体は両像とも妙見菩薩と三像一具として作られたと考えられます」とある。

これらの三像一具説の妙見菩薩像の起源いわゆるルーツは、いまだにはっきりとせずに謎である。三像一具は（三位一体とも）理念があるとするならば、三像は、妙見菩薩像である北極三星のことで、三像一具は北極三連星のことである。法輪寺妙見堂の三像が三像一具の妙見菩薩像のセットとして作られたのは、まさしく北極三連星の表現ではないであろうか。だが、大湯土版前面構成見取図（図5－16・125頁）の北極三連星の理念を考えると、三像一具の妙見菩薩像のルーツは縄文時代からだと思われる。

図5－23は、法輪寺の「法輪寺絵縁起」の妙見菩薩影向の図だが、構図は、妙見堂の三像一具の妙見菩薩像の構成理念とは、ほぼ同じように見ることができる。図5－23の北極三星である妙見菩薩の御本尊と、両脇侍の小さめの妙見菩薩との三尊と空にあった北斗七星の構図表現

は、まさに、北斗七星が、三尊一具（三像一具）の妙見菩薩である北極三連星を軸心に転回している宇宙観の天文図の表現に見える。

北極三星にまつわる話として、中国古典に次のような伝説がある。

約５０００年前、中国山東省礁渓県南１・５㎞に位置する三里川のほとりに先住民族の集落があった。ある日集落の一人の男が、酒に酔って北方の海を指さして、「私は海と空がつながっているところに行きたい」と叫んでいた。夜中に男は目を覚ました。その時、彼は、北の果てにずっと輝いている星「北極星」があることを初めて知った。この北極星を見つけるのに長い時間がかかった。後日、彼は、腕を輪の形にすることで領域、領域毎に北極星の位置を確定させる方法を思いついた。しばらくして彼は、

図5-23｜「法輪寺絵縁起」より妙見菩薩影向の図

法輪寺の拝観案内より

北極星が、季節と共に動いていることを見つけた。そして、北極星がいつも三つの星の真ん中にあることもわかった。漢王朝の天文学者は、これらの三つの星を帝星《ていせい》、開陽《かいよう》、左枢《さすう》と名付けた。帝星は、北極星を指している。

前記の伝説を勘案すると、5000年前の中国伝説とはいえ、語った中国伝説の北極三星すなわち、帝星、開陽、左枢という名称の星は、縄文時代の大湯土版前面構成見取図（図5－16・125頁）に北極三星としてのシンボライズの表現と重ねられていることは、深慮させられる。

天と地は、どういう現象なのかの見識については、世界各地の神話や伝説に、千差万別なバージョンがある。そのすべては、三つの大神すなわち、創世大神、創人大神、時間大神（唯《ゆい》斗神化《としんか》）の信奉にほかならぬと謳っている。ことに日本の「記紀」の造化三神（⑥・225頁）と中国の戦国時代の「渾天説《こんてんせつ》」（⑦・225頁）がとても興味深い。春秋戦国時代の思想家・荘子（紀元前369－前286）の宇宙「混沌思想《こんとんしそう》」（⑧・225頁）は、『荘子・大宗師』では、上古時代に最も素朴な宇宙論の一つを隠し持っている。天地は、宇宙の〝上下、前後、左右〟という六度空間となっていて、宇宙は、最も重要な三要素〝天地、生命、時間〟によって構成される〝三相〟と言い、それぞれ豨韋《きい》氏（⑨・225頁）、伏羲《ふつぎ》氏、「唯斗神化」によって形成されている。豨韋氏は、「混沌」（⑩・226頁）を破り天と地の空間を創り出し、天と地の存在を維持する〝天地の大神〟となり、伏羲氏は、「気・生命力」、すなわち、生命力が生命の源泉となり、宇宙に存在するすべての生命を維持する〝生命の大神〟となり、唯斗神化の唯は、すなわち、「天枢・天軸」が北極星を以て方向を指して天体を運行する軸心である。唯斗神化の斗は、北斗七星であり、斗柄《とへい》が指す方向は、季節によって変わるので、故に唯斗は、宇宙の自然な時計ツールとなり、すなわち、唯斗神化は、宇宙に存在する時間を維持する〝時間の大神〟となったのである。また、古代中国殷（商）の時代と同じで、古代インドのバラモン教にも同じような三つの大神の神話や伝説がある。すなわち、梵天《ぼんてん》、ナーガとシバである。

古代縄文人は、たいへんに厳しい自然界の環境の中で生き延びるために、絶え間なく、日・月・星、この三つの動きを緻密に観察しながら、季節の変遷、方向の確認、時刻の変動などを知ることが、至上命題であったことに間違いなく、季節、位置、時刻などを掌握するのに懸命に努めていたと思われる。

古代縄文人は、日・月・星、この三種の動きを知ることにより、生活を営んでいた。縄文人は、暗くなった夜に帰居する時に、夜空にある北極星の方向に北斗七星を通じて、それを頼りにして確認できたということから、北斗七星である唯斗神化（時間大神）への信仰が自然に生まれてきたと思われる。

そこから、縄文人の北斗七星並びに北極星への信仰が生まれ、さらに北極星が三つの星々だと認識し、北極三星を尊知していたのであろう。北極星信仰のために、シンボライズして縄文秋田大湯土版に北極三星と北極六連星の表象を作り上げて、北極星大湯土版前面構成見取図（図5−16、125頁）に表現されていると思われる。

後世、日本でなじみの妙見信仰は、北極星を神格化した妙見菩薩（図5－24）に対する信仰、すなわち北極星信仰が生まれ、歴史の文脈から言えば、妙見信仰は、縄文文化の遺産とも言えるのであろう。

図5-24｜妙見菩薩

山口屋森江佐七『増補諸宗仏像図彙』奈良県立図書情報館蔵

２ 大湯土版前面の北斗七星の表象

図5－25は、大湯土版前面図（図5－26）と、大湯土版前面見取図（図5－27）から、簡略化した北斗七星大湯土版前面構成見取図だが、図5－25は、七つの円孔点があって、右側の四円孔点組みと左側の三円孔点組みに分けて構成されているから、北斗七星と見なしている。中国の古典の称呼で表現すれば、四円孔点組みは斗魁《とかい》、三円孔点組みは斗柄《とへい》と呼び、または、四円孔点組みは璇璣《せんき》、三円孔点組みは玉衡《ぎょくこう》とも呼ぶが、それぞれ1天枢《てんすう》（貪狼《どんろう》）、2天璇《てんせん》（巨《こ》門《もん》）、3天璣《てんき》（禄存《ろくぞん》）、4天権《てんけん》（文曲《ぶんきょく》）、5玉衡《ぎょくこう》（廉貞《れんてい》）、6開陽《かいよう》（武曲《ぶきょく》）、7揺光《ようこう》（破軍《はぐん》）と名

付けている。かっこ内の貪狼《どんろう》などは道教的名称である。また、上の大円孔と下の四角い溝形状の上円下方は、天円と地方と見なしている。

北斗七星に関しては、古代中国春秋戦国時代の孔子による編纂の『尚書《しょうしょ》・舜典《しゅんてん》』では、「正月上日《ジュンユエシャンルー》（しょうがつじょうにち）、舜《スン》（⑪・226頁）受終於文祖《ショウジョウユウウェンズー》（しゅんじゅしゅうおぶんそ）、在璇璣《ザイシュエンジー》玉衡《ユーハン》（ざいせんきぎょくこう）、以《イー》斉七政《チーチージャン》（いさいしちせい）」とあり、すなわち、古来中国では北斗七星を中心とする星宿（星座）を礼拝し信仰してきた。舜が、正

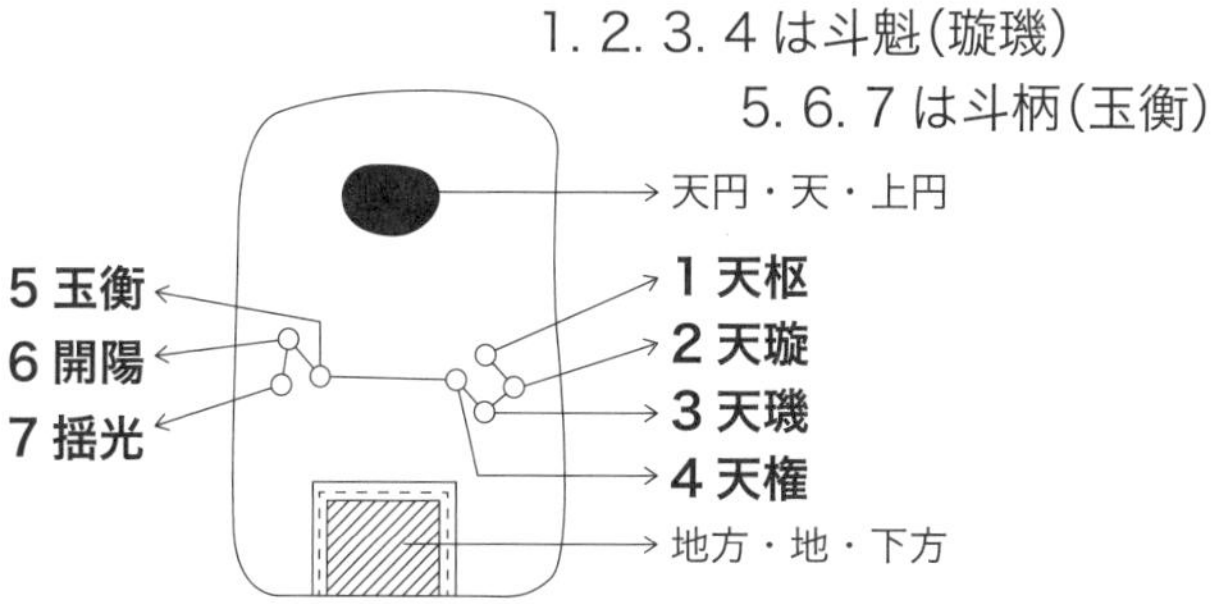

図5-25｜**北斗七星大湯土版前面構成見取図**

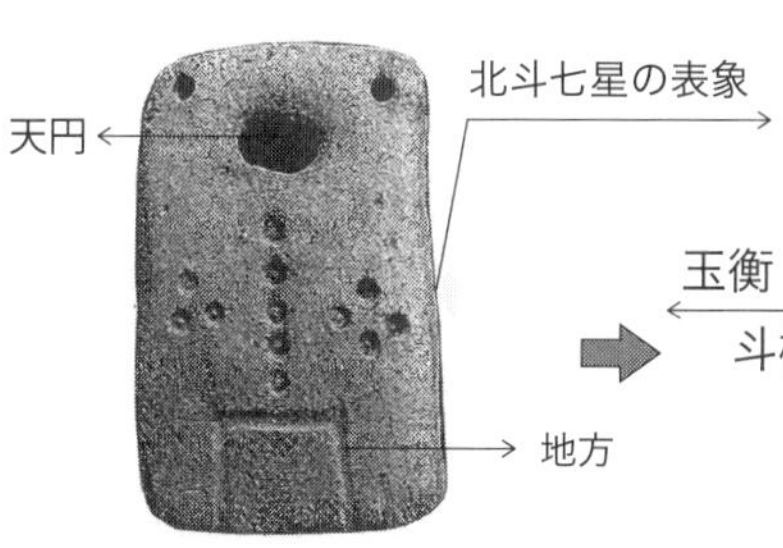

図5-26｜**大湯土版前面図**

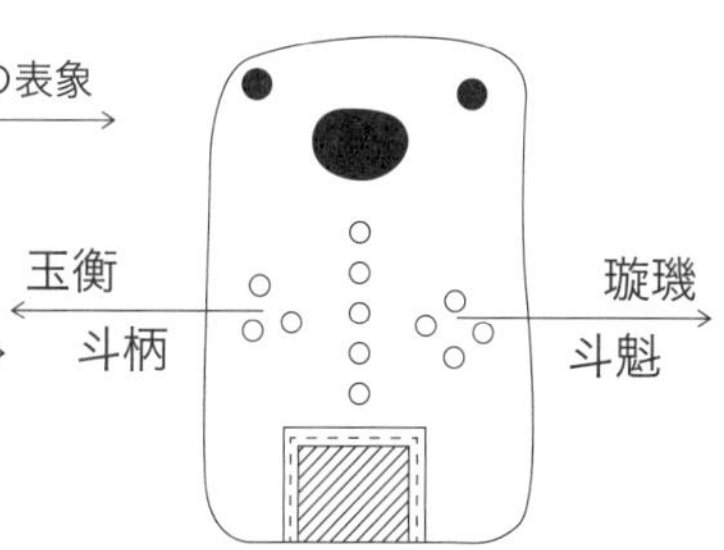

図5-27｜**大湯土版前面見取図**

月一日（旧暦）に、天子の位に即される際、北斗七星斗魁《とかい》・斗柄《とへい》である璇璣・玉衡を以て、七つの日・月と金星・木星・水星・火星・土星という七政である日・月・星の運行事象を掌握することに務める。

また、漢時代の司馬遷は、『史記・天官書』で、〝北斗七星、所謂璇璣玉衡、以斉七政〟と書いたのが、すなわち、北斗の七星はいわゆる（所謂）斗魁・斗柄である璇璣・玉衡にしてのことを以て、七つの日・月と金星・木星・水星・火星・土星という七政である日・月・星の運行事象を掌握することに務める。よって、天と地のあらゆる無形、有形の事象を管理したり、予知できると信じていたのである。したがって、孔子と司馬遷の説教は、どちらも、北斗七星の構成は、璇璣・玉衡であることを述べている。

前記の中国古典の孔子や司馬遷が論じた璇璣、玉衡の主旨は、まさしく、七政である図5－9（114頁）の大湯土版前面と底面図の上部の〝日〟（太陽）の表象大円孔、底面の〝月〟の表象円孔及び中間位置縦の〝五つ星々〟（金木水火土）の表象円孔点に対しての表現である。また、図5－25北斗七星大湯土版前面構成見取図、図5－29北斗七星大湯土版背面構成見取図のそれぞれの北斗七星右側四円孔点組み（璇璣・斗魁）と左側三円孔点組み（玉衡・斗柄）に対してのの表現ではないだろうか。

大湯土版は、日・月・星座が運行模様の表象的な存在であろうし、日・月・星座の運行事象を測定する道具模型かもしれない。

中国を始め、古代洋の東西を問わず、星の、とりわけ北極星と北斗七星に対しての崇拝は、すさまじいものであって多様なシナリオが創出されている。神話や伝説或いは、遺跡、遺存が世界各地に残されている。その時代の縄文人が星信仰にかけた情熱ぶりは、想像を絶するものである。縄文人は、大湯土版前面図（図5－26）に大円孔、四角い溝形状である天円地方の理念模様と、円孔点である北斗七星の表象模様を作った。大湯土版の北斗七星の表象模様を考察すると、縄文人は、北斗七星に対して、神との交流の際は、北斗七星に頼ることによって、神との交流が行えると信奉し、北斗七星を崇拝していたものと思われる。

このことは、縄文人は、北斗七星が天神の総監であると信じていたからと思われる。ここに言う天神は、古代中国の神話や伝説上の天上界の神々、つまり、宇宙を統括する。日・月・星辰、風雨、生命等々を司る神々のことである。荘子の『荘子・中経』では、「北斗君也《ベイドウジュンイエ》、主制《ジュズー》万二千神《ワリャンチエシエン》、持人命籍《ツウレンミンジー》」（ほくとくんや、しゅせいまんにせんしん、じじんめいせき）とある。すなわち、北斗七星は、天上界の王様的存在であり、総数二千神を主宰し、すべての人間の運命を掌握する。或いは、北斗七星総監さえが感通されれば、当然にその部下、所属に対する支配、命令ができると考えた。なお、色々な〝符〟（護摩札《ごまふだ》）は、北斗七星と密接な関係があり、故に少なくない〝符〟には、北斗七星の図案模様が取り入れられる。このように表現をすることこそ、直ちに神を呼び寄せられて、将兵を派遣できる（召神遺将《ジョウシエンチエジャン》・しょうじんいしょう）と。また、施符の目的も果たせると信じていた。縄文人は、このような理念の気持ちを持って、天円地方や北斗七星の表象模様の大湯土版を考案し、縄文社会のもしくは集落の神聖な〝符〟として、共同体の集落を君臨した大湯土版は、お守り的な役目でもあったと思われる。縄文人にとって命より重くて神聖な〝符〟(護摩札)である大湯土版は、今のところ一つしかなく謎のままで、それが秋田の、この地にあったのである。

また、中国の古典に示された神話の文脈を勘案すると、中国だけではなく、その他、各地の古代文明も同じで、時の権力者達は北斗七星を使って、政治的にも利用し神格化させた。おそらく、大湯土版を作った縄文人も北斗七星を神格化し、時の首領は、集落民衆の前に向けて、この北斗七星の模様を帯びる大湯土版を手にして、頭上に挙げて、北斗七星の神聖さを語って、唯斗神化を宣言したのではないか。〝天は、永遠であり、北斗七星は、我がための存在であり、時間の大神であり、北斗七星は、この世の中のすべてであった〟。そのためにシンボライズして、北斗七星の模様を大湯土版に刻み込んで礼拝したのではないか。

ことに、符(護摩札)の使命を帯びる大湯土版は、縄文人社会のお守りであり、神権であり、族権であり、首領の権力の象徴でもあり、また、シャーマンの道具でもあったと思われる。

3 大湯土版背面の北斗七星の表象

図5－28大湯土版背面図は、縄文人が夜空のイメージを示す北斗七星の図案だと理解できる。

図５－29は、北斗七星大湯土版背面構成見取図だが、横凹線である地平線の手前側の四角い溝形状は、天円地方の「方」のイメージ、地平線の向こう側の七つ円孔点は空の北斗七星に見立てる。右側１～４までの四円孔点の斗魁《とかい》組みと、左側５～７までの三円孔点の斗《と》柄《へい》組みに分けている。それぞれ、北斗七星の名称では、１天枢《てんすう》、２天璇《てんせん》、３天璣《てんき》、４天権《てんけん》、５玉衡《ぎょくこう》、６開陽《かいとう》、７揺光《ようこう》と呼ぶ。

また、現代天文学では、地球から見える星の明るさは、等級という単位で表現され、空に見える星の明るさの違いで６等級に分類している。一番明るい星を「１等星」、目に見えるギリギリの暗い星を「６等星」としていた。これによって星の等級を表現する円点（図５－30）の大きさを設定している。

図５－30の北斗七星円点の表現は、大きさによって２等星と３等星が示されている。北斗七星の斗魁組み内の１天枢、２天璇、３天璣の星は、２等星の大きさ

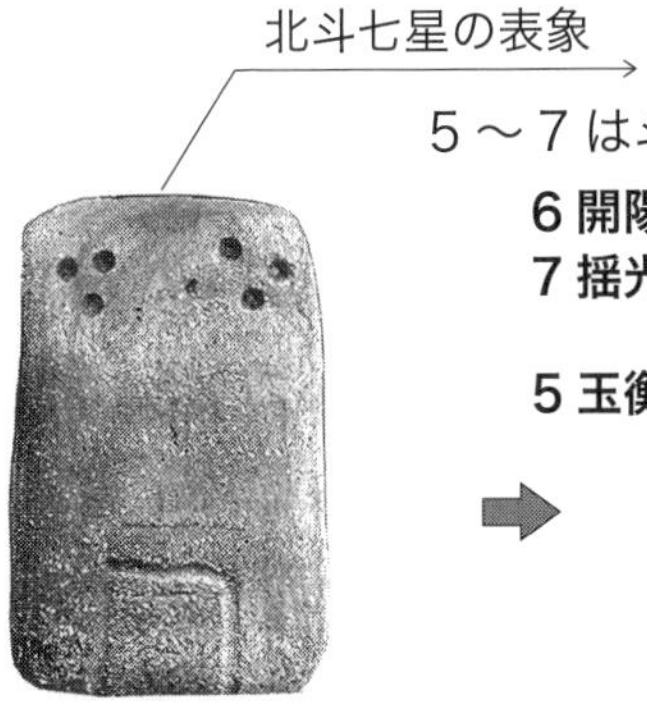

図5-28｜大湯土版背面図

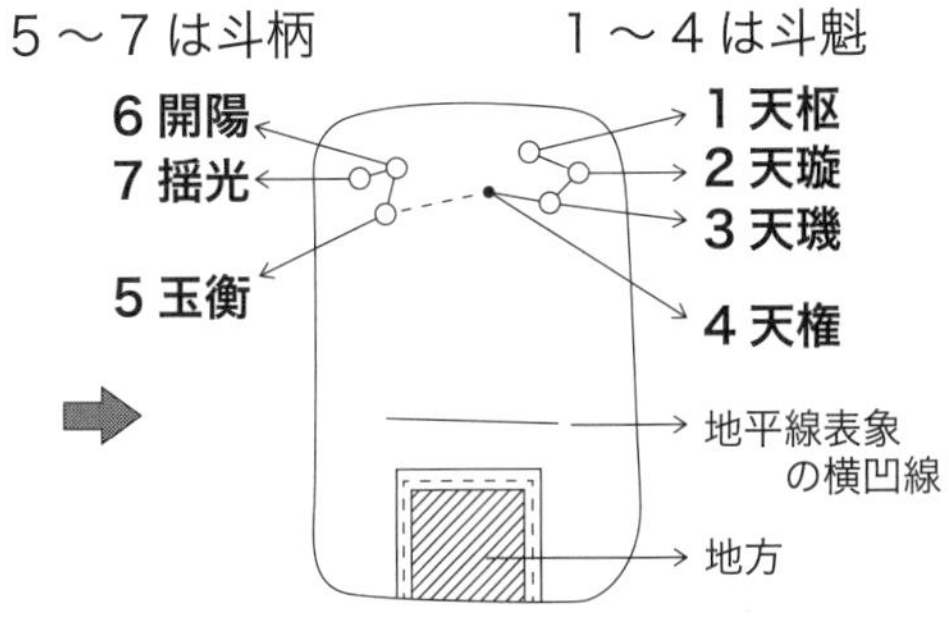

図5-29｜北斗七星大湯土版背面構成見取図

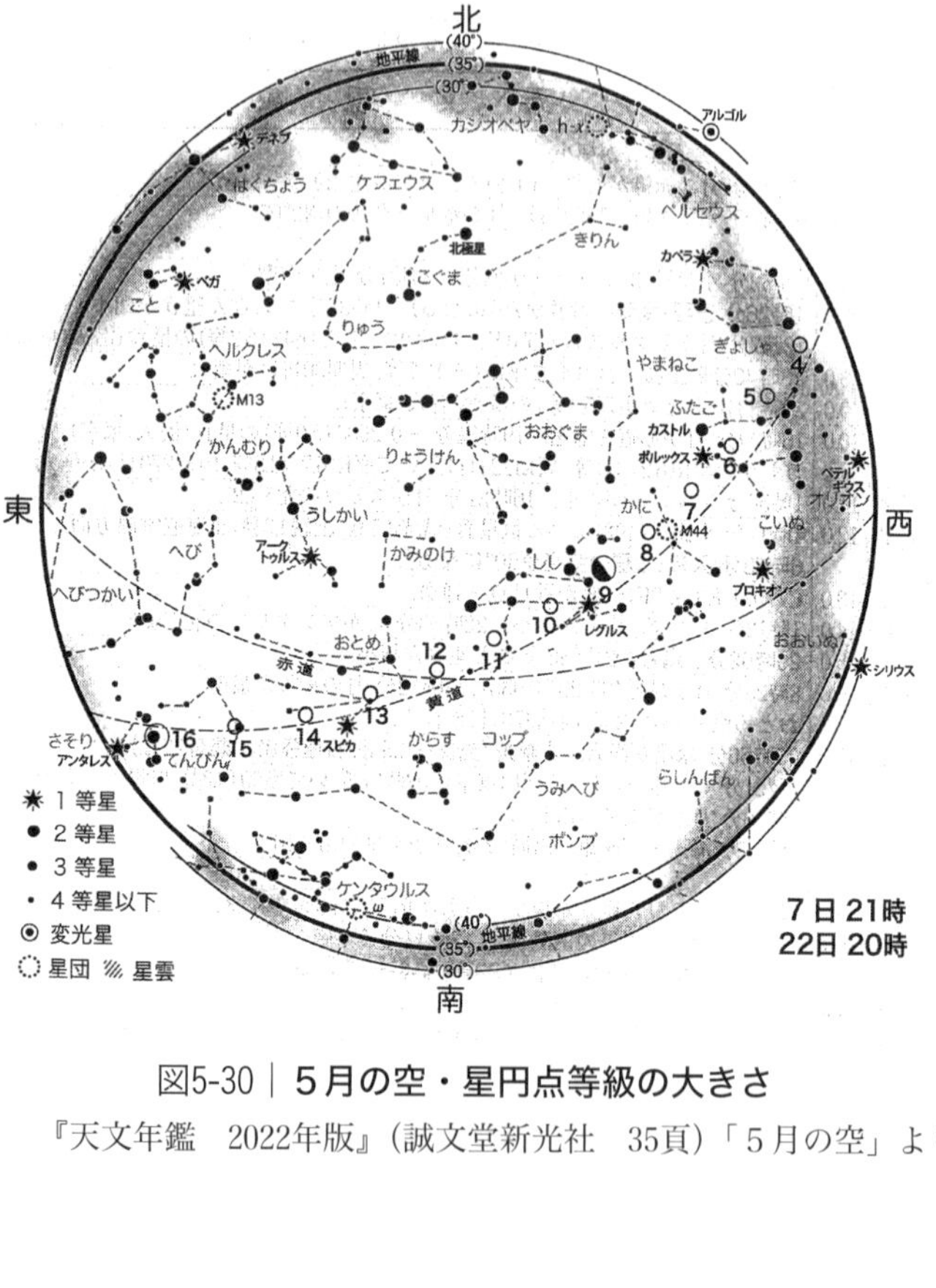

図5-30｜**5月の空・星円点等級の大きさ**

『天文年鑑　2022年版』（誠文堂新光社　35頁）「5月の空」より

の円点で、４天権の星は、小さくて3等星の大きさの円点が示されている。斗柄組みの５玉衡、６開陽、７揺光の星も皆2等星の大きさの円点である。

だが、約４０００年ほど前の大湯土版背面図（図５－28、図５－29）の北斗七星に見立てる異なる円孔点である星の大きさは、見事に北斗七星の2等星と3等星のイメージが示されたのではないか。

星の明るさを表す単位である「等級」は、紀元前１４０年頃、プトレマイオス（古代のギリシャ天文学者）の書物に初めて記された。その出自は、古代のギリシャ天文学者・ヒッパルコス（紀元前１９０年頃～前１２０年頃）からだと言われている。

だが、大湯土版背面図（図５－28）と、大湯土版背面構成見取図（図５－29）の北斗七星円孔点の表象模様を観察すると、七つの円孔点の内の4番目天権星の円孔点は、ほかの1番目天枢、2天旋、3天機、5玉衡、6開陽、7揺光の六個の円孔点の大きさよりもかなり小さい存在である。このことは、遥か４０００年前に縄文時代人は、すでに星の等級のことを知っていたと思われる。縄文人は、分かっていたから、わざと、大湯土版の背面に北斗七星の3等星である4番目の天権星の円孔点の表象を小さく作ったのではないか。大湯土版の北斗七星の円孔点表象（図５－28、図５－29）の内、六つが2等星のために明るくて地面から肉眼ではっきりと見え、4番目の天権星は、3等星のために暗くて地面から肉眼で見取りにくいから、意識的に円孔点を小さくして表現した。縄文人は、夜に四角い溝形状の地面から、夜空の北斗七星を眺める時に3等星である天権星の明るさを確認できたと思われ、大湯土版の背面に北斗七星の2等星や3等星のイメージをシンボライズして示したのである。

何千年も前の縄文人たちは、北斗七星の2等星や3等星の仕組みまで詳しく知っていたのではないか。現代に生きる私は、不思議に思われて脱帽せざるを得ない。

④ 大湯土版の北極星と北斗七星の表象

縄文秋田大湯土版の北極星と北斗七星の星座理念模様は、縄文人が、星神としての星信仰に対して、ひとつの季節、時刻、方向を知るためだが、それなりの星に対する認知度は、かなりの水準に達していたと思われる。

縄文人にとって、おそらく、星を観察して得られた北斗七星が北極星を軸心にして回転する情報は、天動説的な印象であったかもしれない。現代社会の人たちも夜空を見上げて、星をながめるにあたってそのように思っているのは、普通ではなかろうか。

図5−31は、地面から仰視する夜空の北斗七星が、北極星を軸心に反時計回りのように見える回転する模様である。この極めて自然な北極星と北斗七星の現象関係は、図5−32の大湯土版前面構成図に星座表象としてみごとに具現化されて示されている。

図5−32と図5−33は、地面から星を仰視して表象された北斗七星が、北極星を軸心に反時

計回りのように見える回転する大湯土版前面構成図（図5－32）と大湯土版前面構成見取図（図5－33）の表象模様である。すなわち、地面から大湯土版前面を仰視して北斗七星が、左から右の方へ旋回（地道右旋《ちどううせん》）するように北から東へ、東から南へ、南から西へ、西から北へと見える北極星を軸心に反時計回りする表象模様を大湯土版に表現した。なお、北斗の星暦（こよみ）（図5－37・148頁）としての役割が演出できたと思われる。

それに、図5－34と図5－35は、心象的に宇宙から星を俯瞰視（見下ろす）して表象された北斗七星が、北極星を軸心に時計回りのように見える大湯土版前面図（図5－34）と大湯土版前面構成図（図5－35）の表象模様である。だ

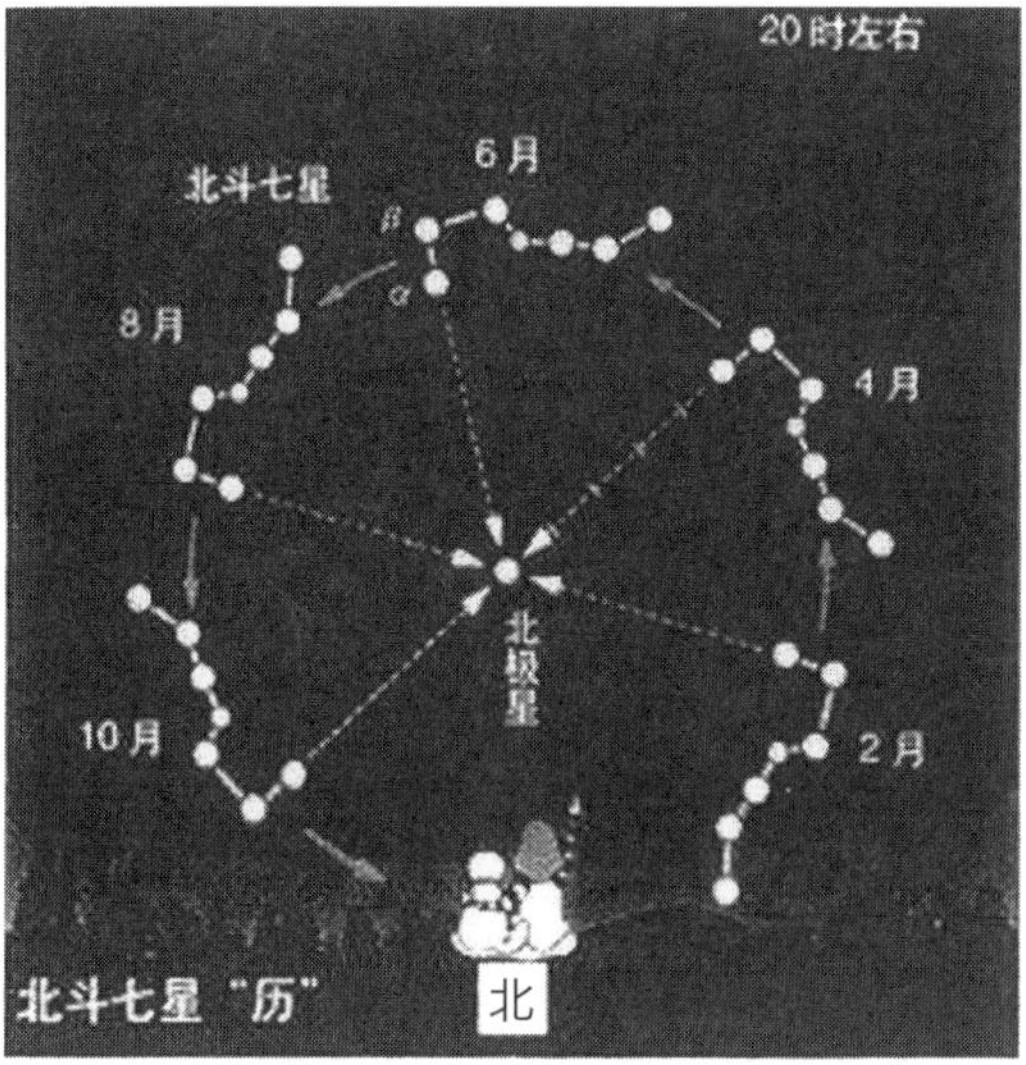

図5-31｜**北斗の七星“暦”**

「北斗七星“历”（暦）[6]」

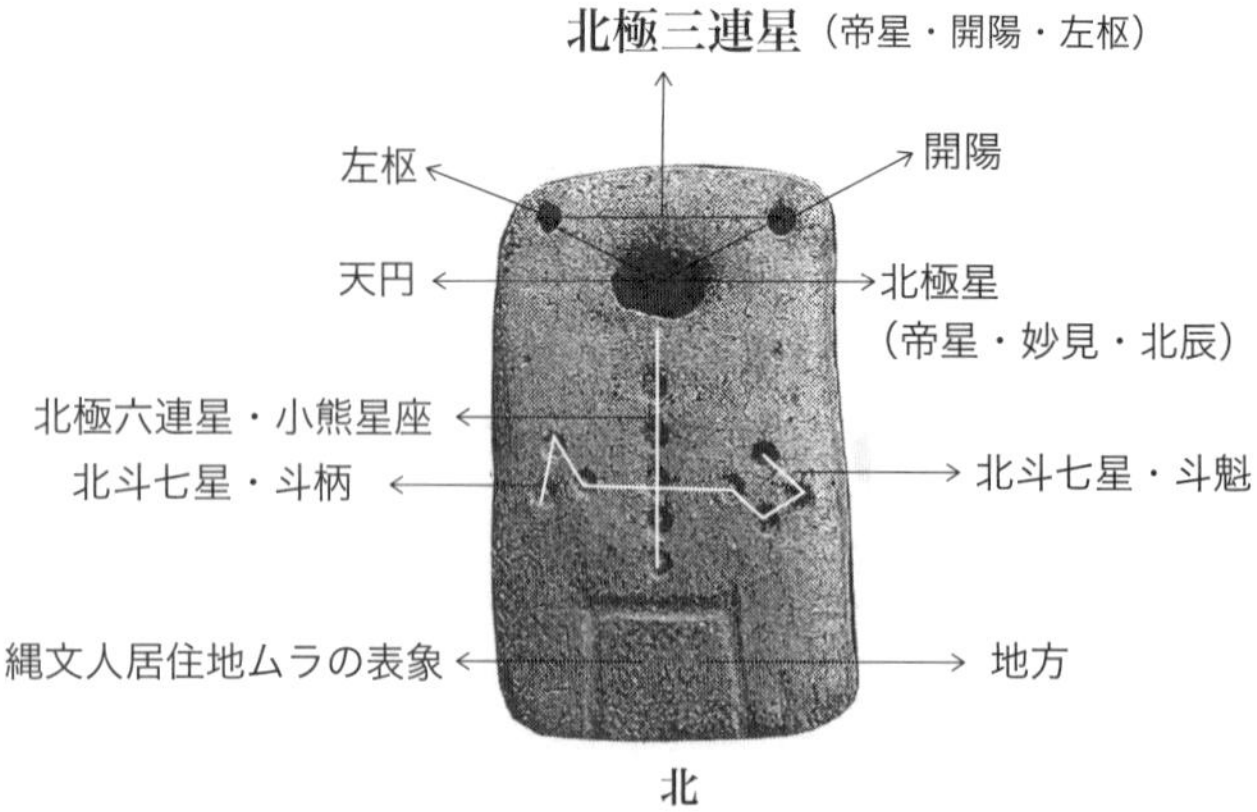

図5-32｜**仰視北斗七星　反時計回りの大湯土版前面構成図**

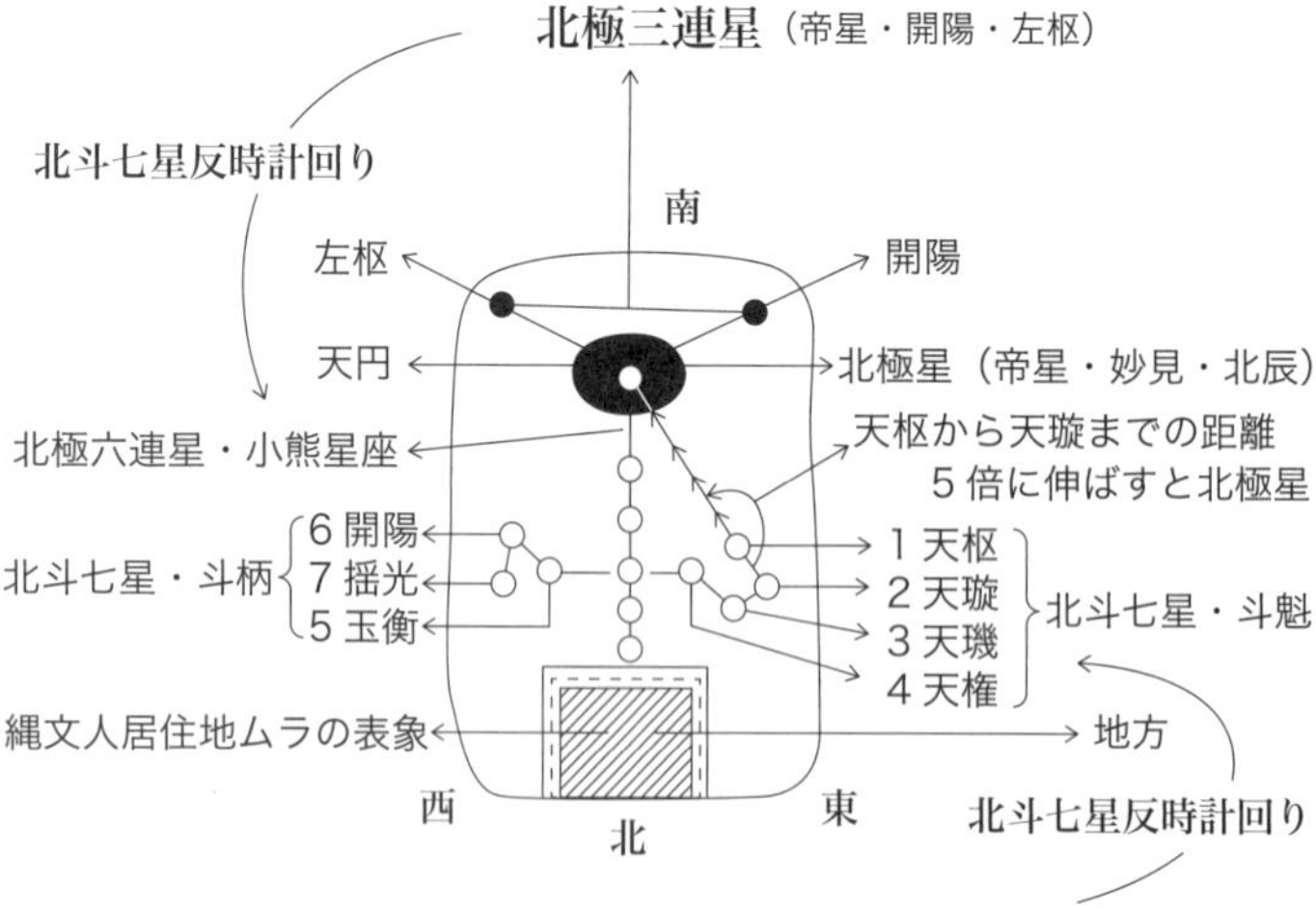

図5-33｜**仰視北斗七星　反時計回りの大湯土版前面構成見取図（地道右旋）**

が、図5－35の星座模様の理念に従って、心象的に宇宙から星を俯瞰視して見取られてきた図5－36は、北斗七星が北極星を軸心に時計回りのように見える運転する大湯土版前面構成見取図（図5－36）の表象模様である。すなわち、心象的に宇宙から大湯土版前面を俯瞰《ふかん》視（見下ろす）して北斗七星が、右から左の方へ旋回（天道左旋《てんどうさせん》）するように北から東へ、東から南へ、南から西へ、西から北へと見える北極星を軸心に時計回りする表象模様を大湯土版に表現された。なお、北斗の星時計（図5－38・149頁）のツールとしての役割も演出できたと思われる。

縄文人が、暦（図5－37）としての地道右旋、また、あるいは、時計（図5－38）としての天道左旋の大湯土版を分けて使いこなしたと思われる。

また、縄文人が、北極星を見つける手段としては、現代人の天文学と全く同じ方法で、それも具体的に大湯土版に表現している。すなわち、図5－33・図5－37に示された北斗七星の1番星の天枢《てんすう》から、2番星の天璇《てんせん》までの五倍距離に伸ばすと先は、北極星を指すということである。

また、中国古典書物の『易経・説卦』では、〝天道左旋、地道右旋〟という考えがあった。前漢時代の『春秋緯・元命苞』（散逸、年代作者不詳）という書物に〝天左旋、地右動〟の記述があり、『春秋緯・運斗枢』では、〝地動則見於天象《ディードンズアジェンユティエンシィアン》〟（ちどうそくけんうてんしょう）とあって、つまり、宇宙間の天体の移動は、地体（地球）の動きの表れである。又は、列子《れっし》（列禦冠、戦国時代の道家の思想家・約紀元前450－前375）が『列子・天瑞』の書物では、〝運転《ユンジュアン》

図5-34｜大湯土版 前面図

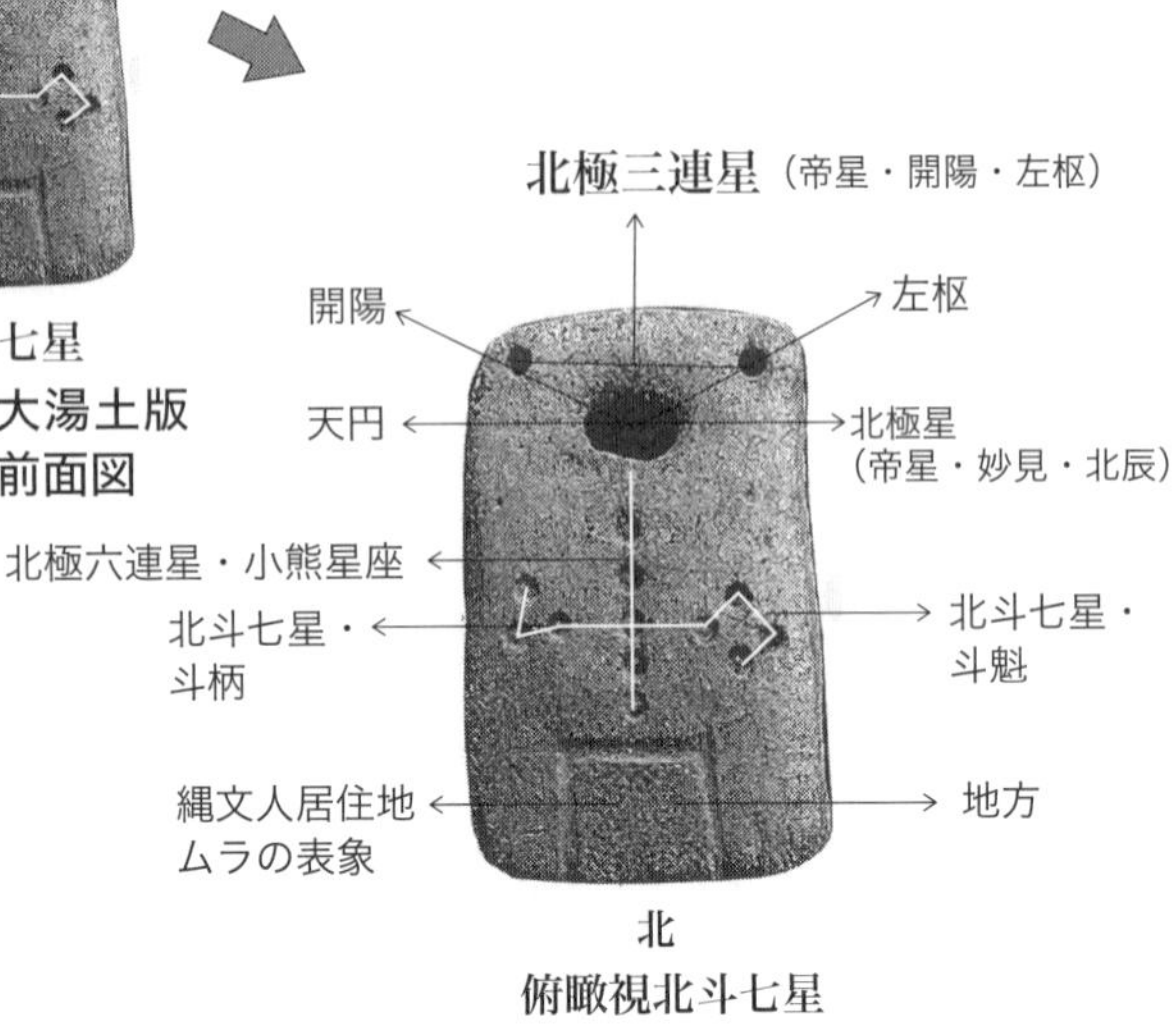

図5-35｜時計回りの大湯土版前面構成図

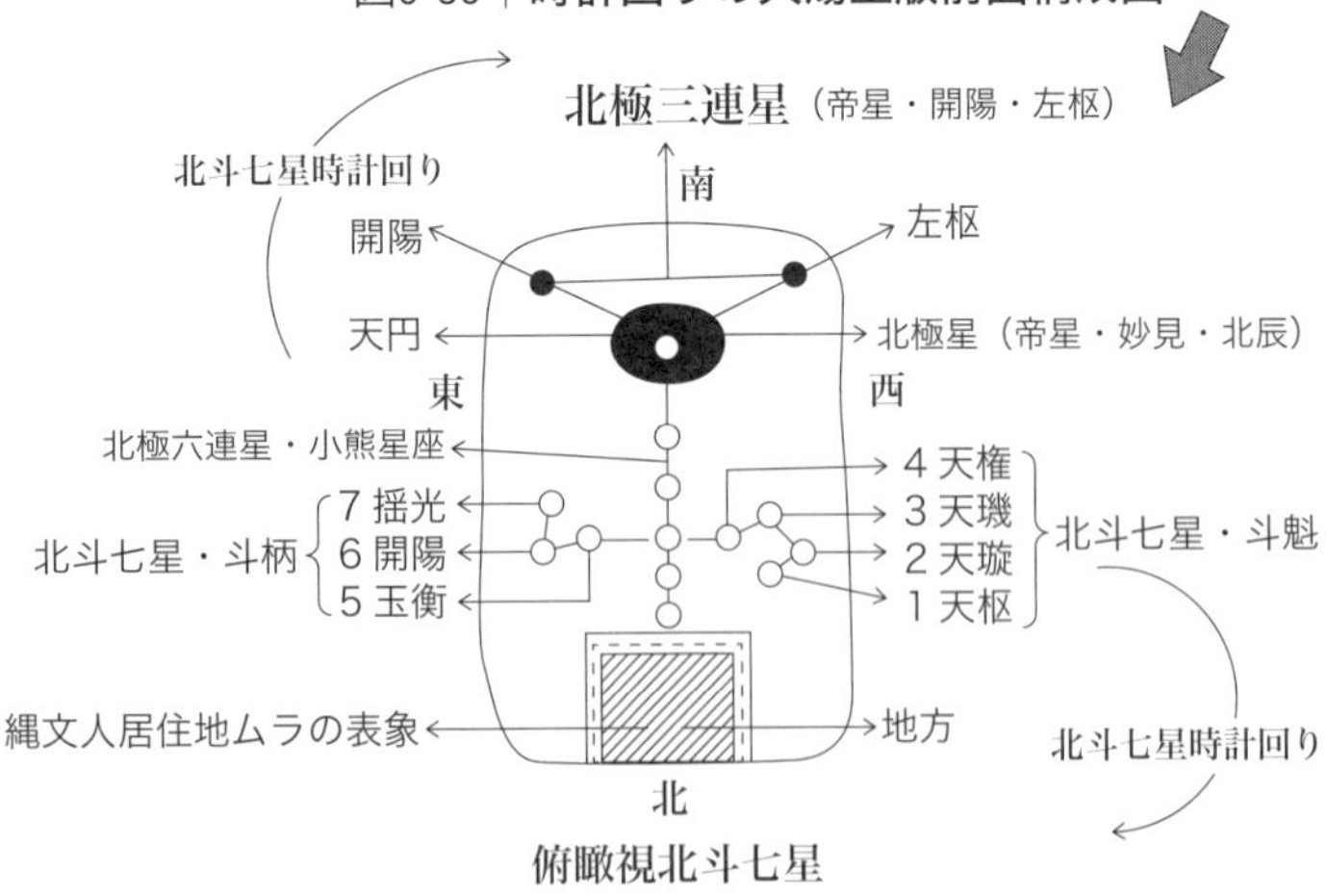

図5-36｜時計回りの大湯土版前面構成見取図（天道左旋）

靡己《ミージー》、大地密移《ダーディーミーイー》、疇覚之哉《チョウジュエズぜ》〃（うんてんびこ、だいちみつい、ちゅうかくしさい）とあった。すなわち、地球は不断に動いて旋転しているにもかかわらず、ただ、人間の感覚器官が感じられないだけのことであると記している。このことは、まさに灯台下暗しと言えるであろう。

これは、古代人が宇宙にただよう物体及び地球は、四六時中止まることなく、回り動くことを知り、運転の規則だと見なした。しからば、縄文人が天道左旋、または地道右旋という思想理念に基づいて、北斗七星が北極星を軸心に、反時計回りの左から右への地道右旋（図5－33）と、時計回りの右から左への天道左旋（図5－36）に見立てて、星座運転の表象模様として大湯土版に表現したと思われる。

さらに、〃天道左旋、地道右旋〃は、大湯土版の北極星と北斗七星の星座運転の表象模様に対しての表現ではないであろうかと思われる。

また、〃天道左旋、地道右旋〃についての解釈は不明な点が少なくなく、これも今後、大湯土版との関連を究明する課題であろうと思われる。

一般的には、地面から星を仰視して眺めると北斗七星（図5－31）は、北から東へ、東から南へ、南から西へ、西から北へと北極星を軸心に反時計回りに見える左から右への地道右旋である。

そして、ついに天枢と天璇の二つ星のあいだの五倍距離の先が北極星を指すのである。

5 大湯土版北斗の星暦図

北斗の星暦（こよみ）とは、北極星のまわりをめぐる毎晩同時刻の北斗七星の位置を見ていると季節の変遷によって、斗柄方位が西へ1°移動し、毎晩4分ずつ早まって変わってくるのが理解される。斗柄が東を指すと春（3月・春分）の季節であり、南が夏（6月・夏至）、西が秋（9月・秋分）、北が冬（12月・冬至）の季節である。即ち、同時刻での北斗七星の見える位置の変化がカレンダーがわりに使用できるのである。こういう宇宙のごく自然的現象の北斗の星暦を、遥か昔縄文人がすでに察知して利用していたと思われる。図5－33仰視北斗七星反時計回りの大湯土版前面構成見取図から、演繹した図5－37仰視大湯土版北斗の星暦図に北斗の星暦としての意味合いが、リアルに表現されているのではないであろうか。とく

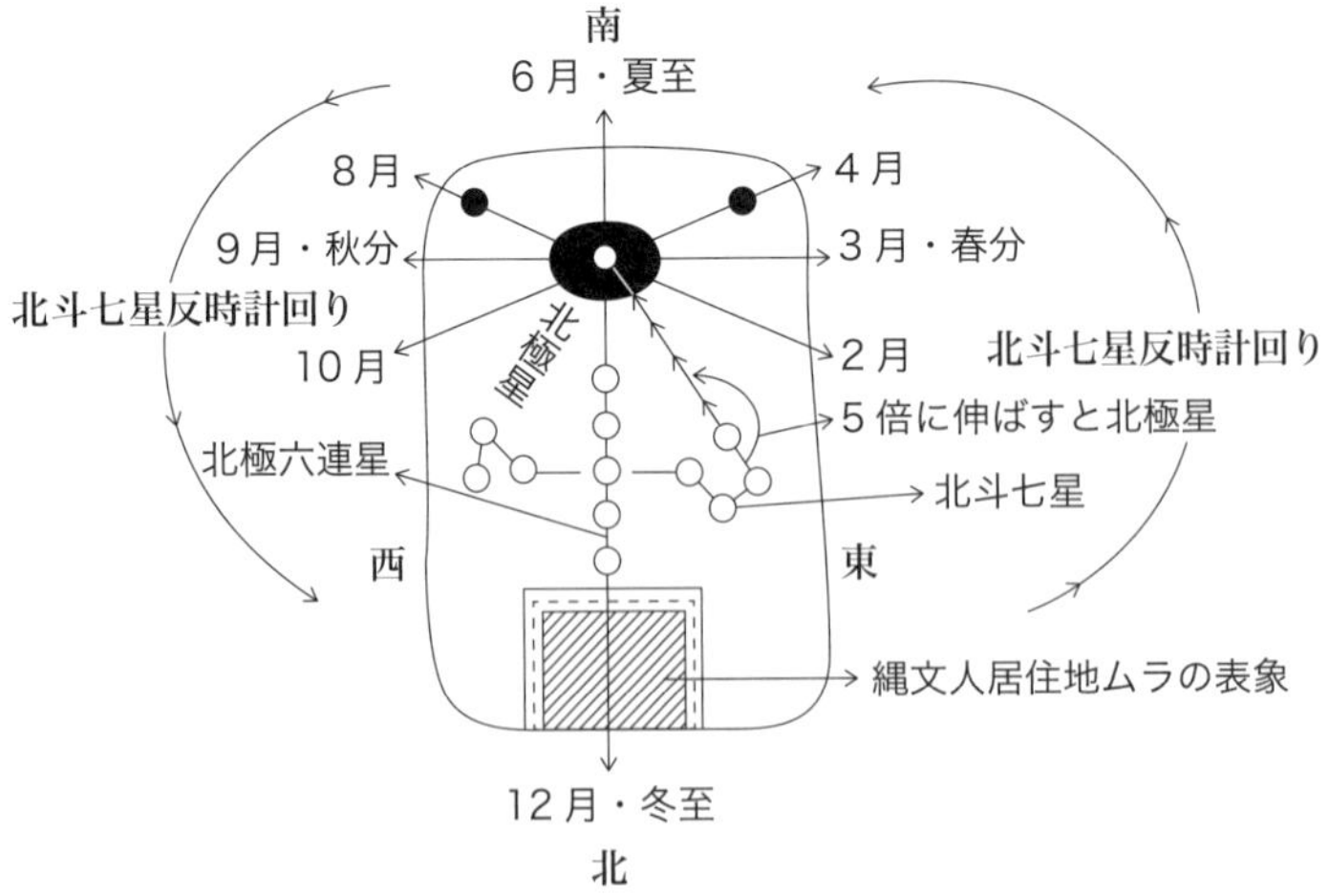

図5-37｜仰視大湯土版北斗の星暦図

に図５－37仰視大湯土版北斗の星暦図に大円孔である北極星中心点が上部両端小円孔と引いた連結線又は北極星中心点を通過して引いた水平線、垂直線上の月数と節気の位置表現は、まさに4000年以前の縄文時代人の暦であろう。

6 大湯土版北斗の星時計図

北斗の星時計とは、北極星のまわりをめぐる北斗七星は時間経過につれて、日周運動で反時計回りに1時間単位で15°ずつ回転していく（4時間で60°）。この模様を時計がわりに使用することが出来るのである。遠古縄文時代人は、日・月・星の動きに頼って生活を営むことを考えていると北斗の星時計という仕組みの天体現象を熟知していたのではないかと思われる。また、北極星のまわりをめぐる北斗七星が時計回りする仕組みの北斗

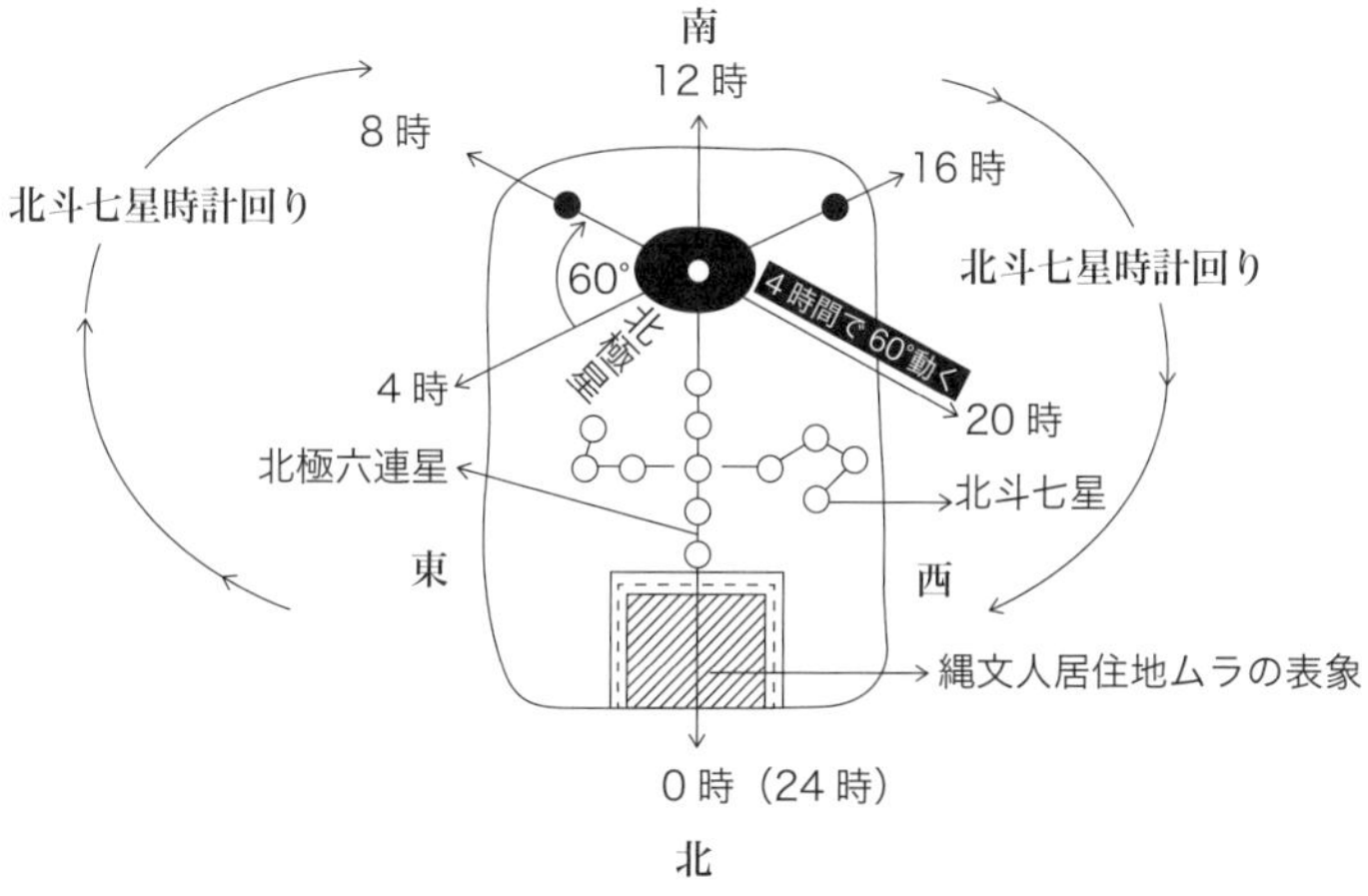

図5-38｜俯瞰視大湯土版北斗の星時計図

の星時計を考えていたのではなかろうかと推察される（図5－34と図5－35と図5－36の所論に見える・143頁～146頁）。図5－36俯瞰視北斗七星時計回りの大湯土版前面構成見取図から、演繹した図5－38俯瞰視大湯土版北斗の星時計図が、北斗の星時計としての時計回りの形も機能も現代時計とは変わらないのではなかろうか。なお、大円孔である北極星中心点が上部両端小円孔と引いた連結線を交叉する線と線のあいだに60°間隔の表現は、4時間で60°動く北斗七星が北極星を回り移動する北斗の星時計の仕組みとの共通点にみえる。図5－38俯瞰視大湯土版北斗の星時計図の表現こそは、４０００年以前の縄文時代人の時計であろう。

４　大湯土版の日時計と表象図

日時計の歴史は古い。約紀元前４０００年にエジプトで地面上に棒を立てて太陽の位置で、出来た棒の影から日時計《ひどけい》が出来たと伝えられている。また、古代中国殷時代（紀元前約１６００年～紀元前約１０４６年）甲骨文字の卜辞に〝立中〟という日時計である〝立表測影〟の記載がある。これらの日時計は、おおよその時刻を確認していたものと思われる。

日本では、約４０００年以前の縄文秋田大湯環状列石遺跡から、多数の石作りの日時計状（図５－39・野中堂環状列石の日時計状組石）の造物が発見された。また、同遺跡から出土した大湯土版前面見取図（図５－40）の土版は、日時計としての文化的な要素と思われる形状や表象模様が呈されていることから、日時計・大湯土版前面構成見取図（図５－41）の形で表現される。大湯土版全体は、宇宙観の北半球の縮図と見なす。下部の四角い溝形状は、天円地方の地の人間社会

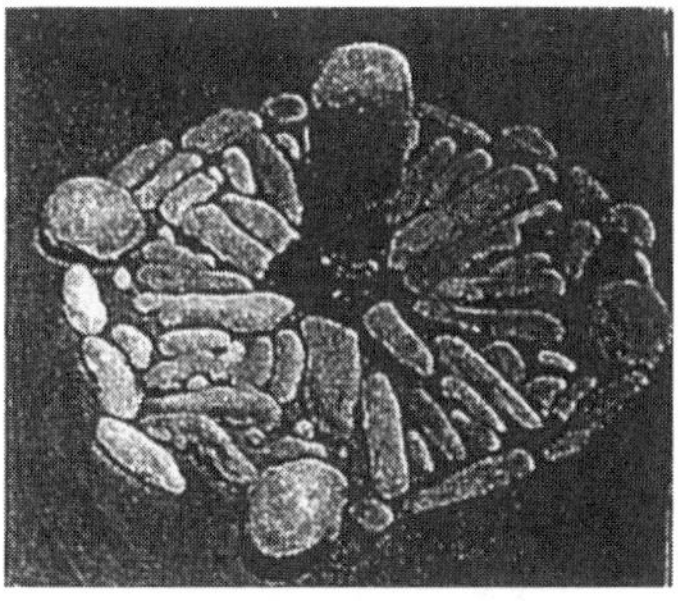

図5-39　野中堂環状列石の日時計状組石

の居住地で、上部の大円孔形状は、天円地方の天の北極領域である。上部の中央から垂直下に北極領域を通過して線を引く子午線は、大円孔である北極領域の横面の中央から、北極領域を通過して水平に引いた線との接点が北極中心点となる。大湯土版の中間部位の円孔点群は、星々の群れの表象で、昼夜の象徴をも示唆される。また、上部の両端左右の小円孔は、時計回りの太陽と見なすから、従って、大湯土版を俯瞰視に二つの小円孔である太陽の表象は、東から南へ、南から西へ、西から北へ、北から東へと北極領域中心点を回り移動（旋転）して、北極領域の中心点と線でつなげる位置に来ていれば、太陽の位置を測り知ることが出来る。そうであるならば、日時計・大湯土版前面構成見取図（図5－41）では、小円孔である太陽が東方から、左側小円孔に北極中心点と引いた線の位置に回り移動して一致すると8時となり、

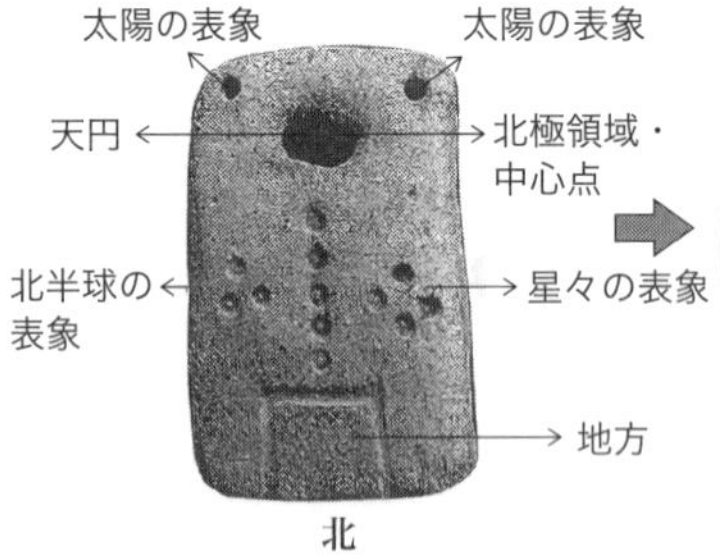

図5-40　日時計・大湯土版
前面見取図

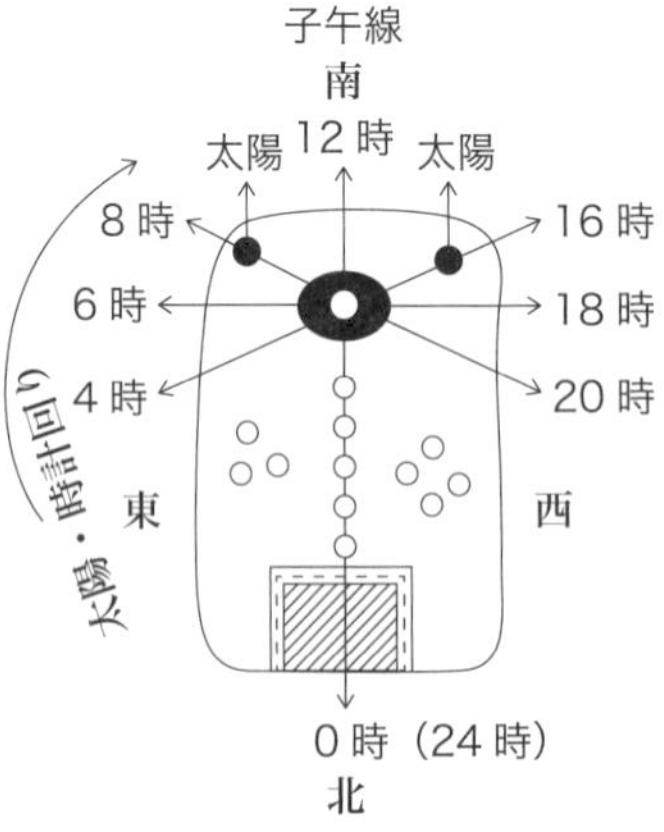

図5-41　日時計・大湯土版
前面構成見取図

この引いた線の延長の右端位置は20時となる。同様に、右側小円孔の位置に来ると16時となり延長線の左端位置は4時となる。なお、左側北極領域の横面の中央に引いた水平線の位置に来ると6時となり延長線の右端位置は18時となる。上部中央の子午線の位置に来れば正午の12時となり延長線の下端位置は夜中の24時となる。従って、小円孔である太陽が回り移動で、時刻の推移を把握できるから、現代の時計と一様な機能を有すると思われる。このように、縄文人が太陽の動きの規律を知っていて、シンプルな日時計・大湯土版を作ったのではないだろうか。

縄文人は、朝、晴れの日に生業の準備に出かける際、大湯土版の前面を上に持ち向かわせて、俯瞰視しながら上部の方が真南の方位を大円孔である北極領域の中心点に一直線に照準しながら、小円孔である太陽をもとに東の方から回り移動してくる太陽の位置で時刻を確認して、今日の行動を考えていたのではないであろうか。大湯土版は、縄文人の日時計であり、時間、時刻を測量する道具であり、生存、生計に欠かせないものであったと思われる。

5 大湯土版の天円地方理念

天円地方《てんえんちほう》の考え方は、遠古時代から中国、メソポタミア、エジプト、インド等の古代文明発祥の地における宇宙に対しての共通の宇宙理念であった。

日本の縄文時代の人たちも天円地方の理念を信奉していたと思われる。秋田大湯土版に星座関連と上円下方という二つの形式的な天円地方の宇宙思想観が表象されており、それぞれにシンボライズしての模様を具象的に大湯土版に示されたものと思われる。

1 大湯土版と星の天円地方理念

縄文人は、方形のような大湯土版前面図（図5－42）の土版を考案して製作し、それを天円地方の「方」にした。

その大湯土版の前面に北極星と見なす大円孔と上の両端に開陽、左枢と見なす伴星の小円孔を合わせる北極三星を作り、中間部位に作った五つの縦円孔点に、大円孔を加えて北極六連星（小熊星座）に見立てている。また右側の四円孔点組みと左側の三円孔円点組みを合わせて、七つの円孔点を北斗七星と見なす。これらに基づき、北極星と北斗七星の運行を、図５－43の大湯土版前面構成見取図に表現している。北斗七星が北極星である大円孔を軸心に一周、すなわち、360°で天の北極を回る星の運行が、円形運転で表される大きな環状体のような円形と見なして、天円地方の「円」に見立てている。

星に依拠する天円地方の理念ができ、方形のような大湯土版の〝地方〟と星の円形運転の〝天円〟という天円地方が大湯土版にシンボライズして示されたと思われる。

図５－43は、地面から仰視する北極星と北斗七星の大湯土版前面構成見取図だが、北斗七星は、北極星を軸心に反時計回りに回ると考えたからである。

② 大湯土版と上円下方の天円地方理念

縄文人は、方形のような大湯土版前面図（図５－44）の土版の上部に天である円形体の大円孔をつくり、下部に地であ

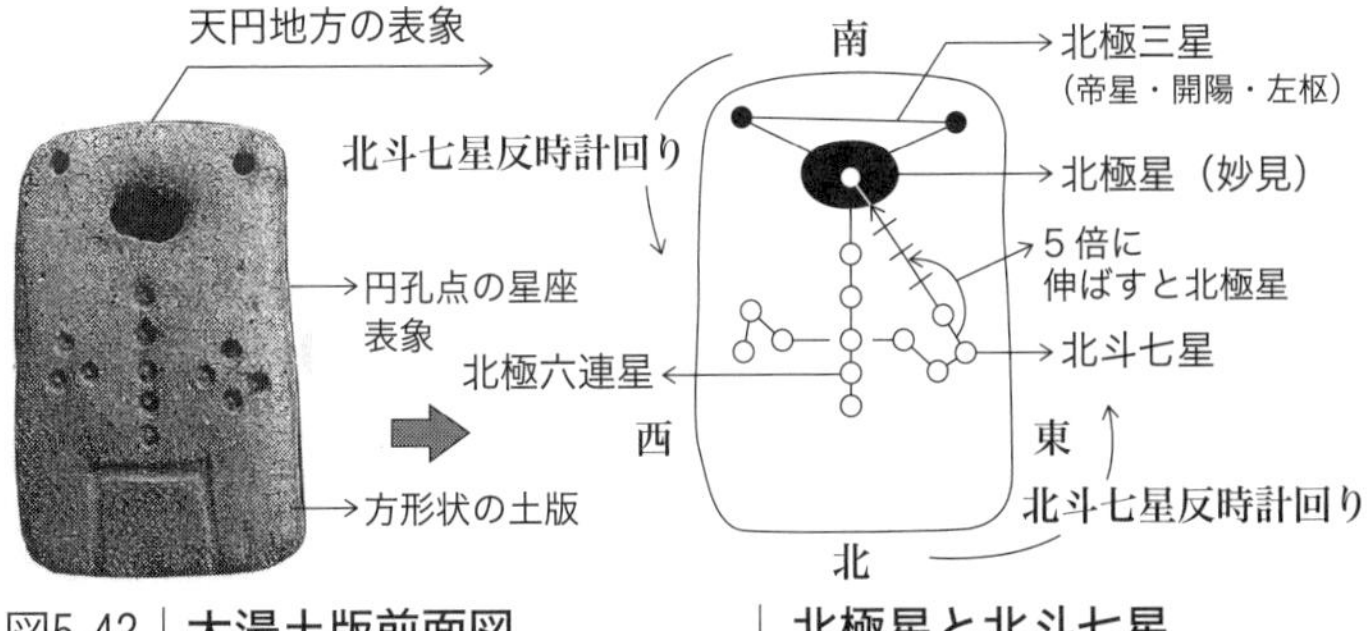

図5-42｜大湯土版前面図

図5-43｜北極星と北斗七星 大湯土版前面構成見取図

る方形体の四角い溝形状を設け、上円下方の天円地方の理念を表現していると思われる。中間部位を人間社会と見なす五つの円孔点（図5－45）の表現を含めて、縄文人の天・人・地の三位一体の宇宙観理念でもある。

古代人は、上は天で円形・陽、下は地で方形・陰と考える。天上地下、天陽地陰の陰陽の思想を込めた上を天円、下を地方に見立てることにより、縄文人は、意識的に大湯土版の上位に大きな深い丸い穴を彫り、それを、天円地方の天（陽）とし、天は果てしない穴である。ひょっとしたら、当時の縄文社会に、古代中国の「女媧補天《じょかほてん》」と似たような神話や伝説があったのかもしれない。人類の始祖だと言われる女媧は、天に穴があるため、人間は平穏に暮らせないので、穴を補って修復したとの神話である。地については、縄文人は大湯土版の下位に四角い溝形状の模様を作り、天円地方の方（陰）にしたが、四角い溝形状の溝は、集落共同体の〝環濠〟と見なしたのは、妥当だと思われる。中の縄文模様もしくは、陸稲模様の表現は、まさし

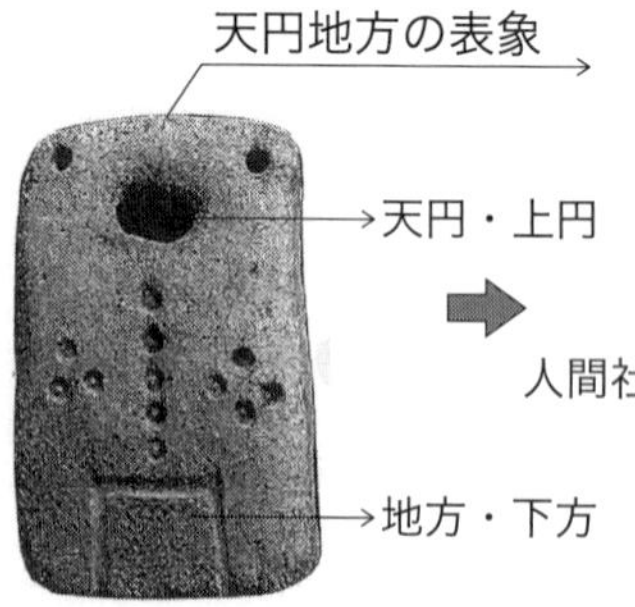

図5-44｜大湯土版前面図

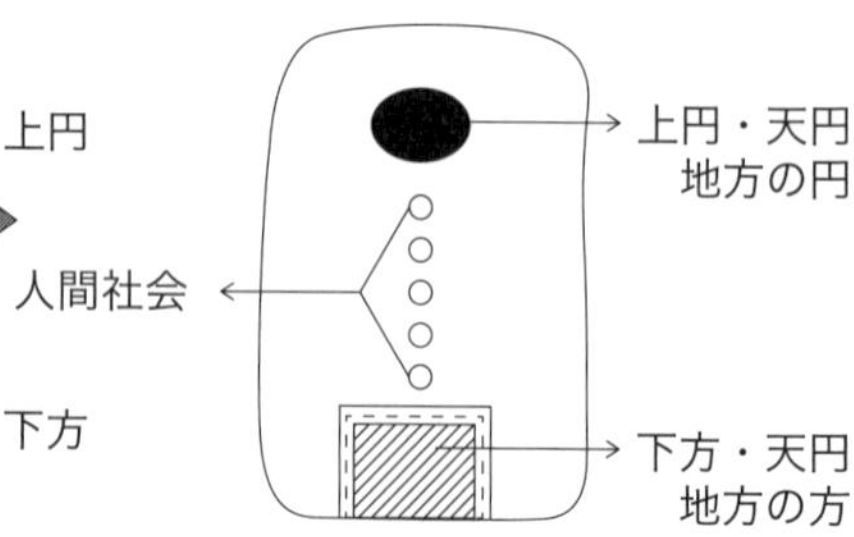

図5-45｜上円下方
大湯土版前面見取図

く人間社会が活動していた証しである。縄文模様は、その狙いが再生、すなわち、命の再生にあり、崇拝のトーテムではなかったかと思われる。なお、四角い溝形状は、天円地方の地方でそこで暮らした証しを示していたものかもしれない（環濠集落については、第７章「大湯土版と環濠集落」の所論に見える、175頁）。

図５－45は、大湯土版前面図（図５－44）から、縄文人の上円下方の天円地方の理念に基づき推理して作成された上円下方の大湯土版前面見取図（図５－45）だが、これで縄文人の上円（陽）、下方（陰）の陰陽思想を帯びる上に天円、下に地方の理念を見ることができる。「天円地方」である。

3 古代文化の円形と方形

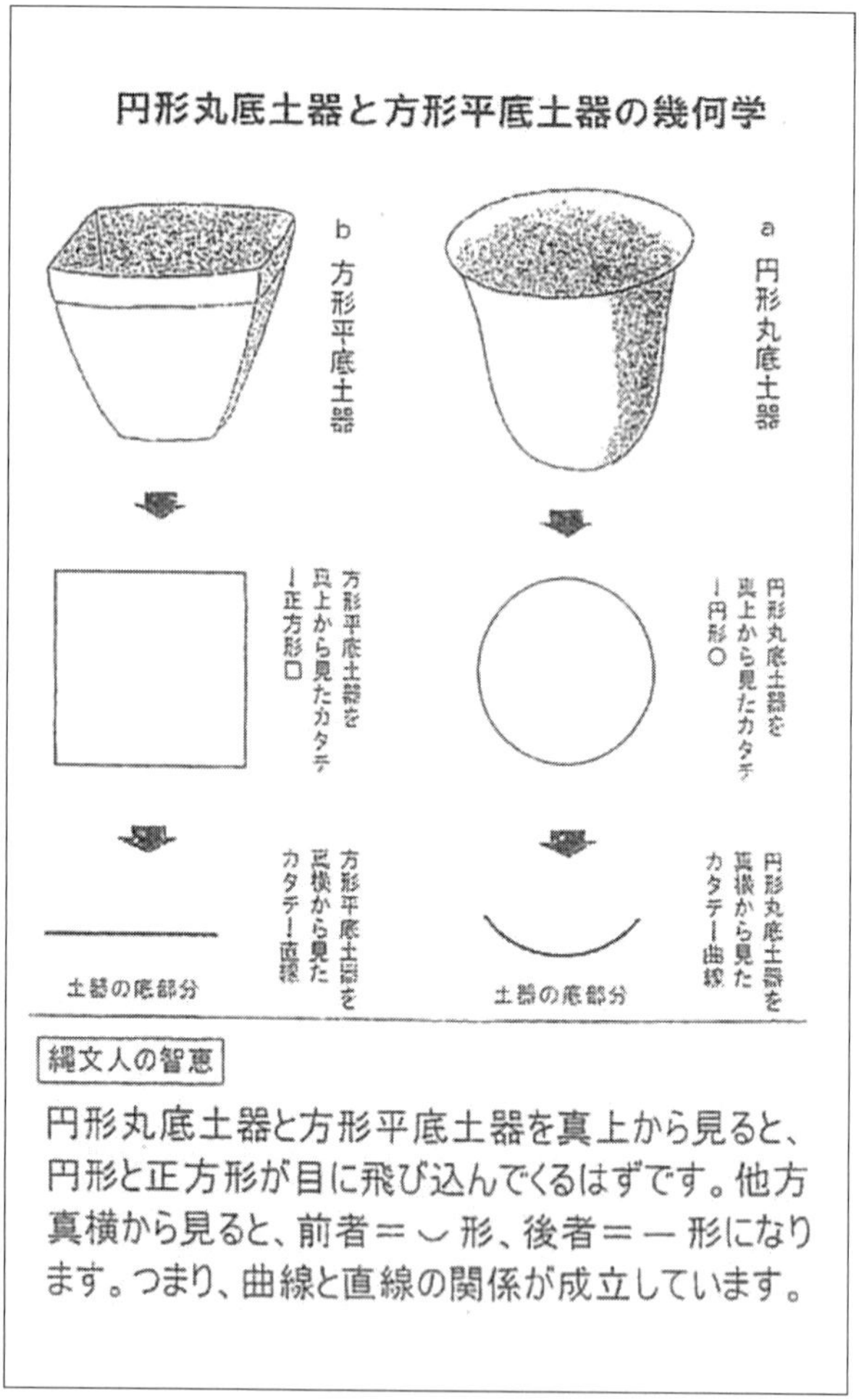

図5-46｜縄文時代草創期の土器

図形：大谷幸市『図説　縄文人の知られざる数学』彩流社
44頁　2017年

図5-47｜**五輪塔**

奈良市元興寺（撮影筆者）

円形と方形のかたちが呈されている五輪塔の歴史が古い。但し、インドや中国などの仏教信仰の国々での現存が確認されず、日本独自の文化ではないかと言われている。

図5-48｜**上円下方石灯籠**

宮崎県天岩戸神社（撮影筆者）

図5-49｜**上円下六角方石灯籠**

奈良県當麻寺・白鳳時代（撮影筆者）

図5-50｜**円簋玉石器**

周時代BC1046～256　筆者蔵

図5-51｜**方鼎青銅器**

殷時代BC1300～1046

写真：夏鼐『中国文明の起源』日本放送出版協会　昭和59年４月

※簋と鼎は円と方の形で、中国古代帝王の祭器や礼器とされて、王位、帝業（天子が国を統治する事業）の象徴である。また九鼎八簋との説がある。

第6章

大湯土版と古代中国天円地方の理念

1 天円地方の出自

天は円、地は方。この考え方は、遠古時代からの中国の宇宙観であった。天円地方は、古代中国の神話や伝説の中では、人類の生みの親と言われる創人大神の伏羲と女媧が考察したものだそうである。

伏羲と女媧は、古事記のイザナギノミコト、イザナミノミコトや旧約聖書『創世記』のアダム、イブのような存在である。この天円地方の神話や伝説は、いつの年代から始まったのかを考証する方法は、今のところない。ただし、伏羲、女媧は、大湯土版との文化的な共通の要素があったのではないか。大湯土版と伏羲、女媧について第3章5（71頁）、6（73頁）の章で詳述している。

天円地方の思想は、伏羲と女媧（図6−1）の神話からだが、女媧は、コンパス（規）を持って、円を描いて天のイ

「矩」を持つ伏羲　　「規」を持つ女媧

図6-1｜伏羲と女媧画像

中国山東省武氏祠石室の彫刻・後漢時代前期。

メージにして、伏羲は、サシガネ（矩）を持って、方を描いて地のイメージにしているが、これは、天円地方の思想が生まれたことの神話である。中国の最も古い書物では、天円地方についての記述は、約3000年前の戦国時代の『尚書《しょうしょ》・虞書《ぐしょ》・舜典《しゅんてん》』という本にある。

天円地方は、陰陽学説のひとつ応用体現の核心的な精髄である。また、天円は動・発散、運動変化が生じ、地方は静・収斂、静止が働く。天は陽、地は陰と見なす。中国古書『周髀算《しゅうひさん》経《けい》』（作者不詳・古代中国の数学書・紀元前1世紀）での天円地方理念の記載は、天⇓円形、地⇓方形の図式に依拠していて、天は円で、地は方である。『周髀算経』の原文では、「方属《ファンシュー》地《ディー》、円属天《ユエンシューティエン》、天円地方《ティエンユエンディーファン》。方数為典《ファンシューウェイディエン》、以方出円《イーファンチューユエン》」とあり、これは、方は地に属《つ》き、円は天に属《つ》いて、天円地方となる、方の理をもとに以て、円を演出するとのことである。この文脈に従っていくと、陽の男性伏羲は、円形を演出するために、まず、サシガネ（矩）を持って方形を描き、そして、陰の女性女媧は、コンパス（規）を持って方形の中に円形を描いた。形式上は、伏羲は、方形を描いたが、実際は、方を以て円形の出自を導きだして（方数為典）、円を出す（以方出円）役割分担だと思われる。そのため、伏羲は、天円を描き、女媧は、地方を描いたとなる。天円地方がこのように誕生したのであろう。

2 玉琮と古代貨幣の天円地方

天円地方とは、中国遠古時代の紅山文化（紀元前３０００年）から清時代王朝まで、象徴として玉琮《ぎょくそう》（図６－２、図６－３、図６－４）と貨幣（図６－５、図６－７、図６－８）の形がある。いずれにしても、天円地方の理念に基づいて作ったものと思われる。玉琮は、古代中国で祭祀《さいし》用に使われた玉器であったが、〃内円外方〃の形で、すなわち、内面に天円の「円」に見立てる円形を設け、外面に地方の「方」に見立てる方形を取った天円地方の理念を持つ玉琮である。しかも、中心部位に天と地の神霊融通のために上下に貫通した円筒形の穴が設けられている。また、日本相撲の世界も天円地方の理念が見られる。天円地方の理念をもつ内円外方の土俵の形も玉琮と同じである。それに貨幣は、玉琮とは逆の形での天円地方の理念に基づき、〃内方外円〃の形で、すなわち、貨幣の真ん中に地方に見立てる四角い形状を設け、全体を天円に見立てる円形の貨幣を、戦国時代（紀元前７７０年～前２２１年）から清時代までの歴代王朝が発行した。また、前漢時代政治家・王莽《おうもう》（紀元前45－23）の時期に天円地方の理念に基づき発行された王権・貴族が特有の身分を示す天円地方の形（図６－６）の〃札〃らしいものがあった。この札は、おそらく王権伝達、貴族通行の際に使ったものであろう。

図6-2｜**玉琮・紅山文化**

BC 3000年　3 × 3 × 4 cm

中川寿郎氏蔵・提供

図6-3｜**玉琮・良渚文化**（⑫・226頁）

BC 2500年　4.5×4.5×2.5 cm

筆者蔵

図6-4｜**玉琮・殷（商）時代**

BC 1600年　1.4×1.4×1.4 cm

筆者蔵

図6-5｜**戦国晩期秦半両貨幣**

図6-6｜**王権・王族の身分を示す天円地方の形の札**

前漢時代・王莽時期
写真：朱活『古銭新探』斉魯書社出版　1984年

図6-8｜**清時代貨幣**

図6-7｜**唐時代貨幣**

3 大湯土版と古代中国天円地方

古代中国の、宇宙観の天は円、地は方という天円地方の理念に基づき、北京に建てられた天壇（図6－9）と地壇（図6－10）という名勝がある。天壇が、紫禁城《しきんじょう》（明清王朝の旧王宮）の南東方位に建

図6-9｜**北京天壇**

「地壇与天壇区別図［7］」

図6-10｜**北京地壇**

「地壇与天壇区別図［7］」

てられたのに対して、地壇は、紫禁城の北東方位に建てられており、これも古代中国の天南地北あるいは、南陽北陰の解説に符合する。天壇は円形で、地壇は方形である。天は陽、地は陰と見なすという陰陽思想の理念に従い、すべてのパーツの構成数が、天壇は、奇数（陽数）であり、地壇は、偶数（陰数）である。

　天円地方は、宇宙の形が北京に円形をなす天壇と方形をなす地壇があり、その理念の由来は、遥か昔の伏義と女媧からと言われているが、もうひとつ遥か昔、日本の縄文時代の秋田大湯土版前面図（図６―11）にあったその模様の上に円形、下に方形の天円地方理念を見ることができる。

　現に、中国の文献における天円地方の思想理念について、中国遠古時代の伏義と女媧からの神話だが、後世、天円地方の形態にまつわる話はたくさんある。春秋戦国時代思想家・曾《そう》子《し》（紀元前５０５―前４３５）は、『大戴礼記・曾子天円篇』の中では、孔子が「天道曰円《ティエンドウユエユエン》・地道曰方《ディードウユエファン》、方曰幽而円曰明《ファンユエユーエアユエンユエミン》」と述べた大切な説話が記されている。また前漢時代思想家・劉《りゅう》安《あん》（紀元前１７９―前１２２）は、思想書の『淮南子《えなんじ》・天文訓《てんもんくん》』では、「天道曰円《ティエンドウユエユエン》、地道曰方《ディードウユエファン》」（てんどうえつえん、ちどうえつほう）、「方者主幽《ファジュアジューユー》、円者主明《ユエンジュアジューミン》」（ほうしゃしゅゆう、えんしゃしゅめい）ともあり、すなわち、天道の規則は円なり、地道の規則は方なる。天道は曰《いわ》く・円、地道は曰《いわ》く・方、方は薄暗《うすくら》きせしめ、円は明《あか》るきせしめる。また、作者不詳の『周髀算経』では、「方属地、円属天、天円地方」と記載がある（166頁）。後漢時代歴史家・陳寿《ちんじゅ》（233－297）の『三国志』では、「蒼天如《ツァンティエンルー》円蓋《ユエンガイ》・大地如棋局《ダーディルーチージュー》」（そうてんにょえんがい・だいちにょききょく）とあり、すなわち「大空は円くて蓋《ふた》の如《ごと》き、大地は碁盤に駒の如く」と。唐時代天文学家・李淳風《りじゅんぷ》（602－670）の『晋書《しんしょ》・天方志《てんほうし》』では、「天円如張蓋《ティエンユエンルージャンガイ》（てんえんにょちょうがい）、地方如棋局《ディーファンルーチージュー》（ちほうにょききょく）」とあり、すなわち、天円の天はひらいた蓋の如き、地方の方は碁盤に駒の如く（図6－12）と等々の天円地方の形態に対しての表現であった。その後、多くの学者は、天壇が円形、地壇が方形を用いて、天円地方の名称として解釈している。然らば、遠古時代の人々たちには、天穹《てんきゅう》を見るにあたって、あたかも大空は、被せられた逆さま中華鍋（図6－12）のように円に見えた。大地は、碁盤のような四角い方形であったと見受けられているのではないであろうか。

それには、古今、中国が、天円地方の思想理念形成に対して動的解釈が二種類あるようである。これは、縄文人が考え

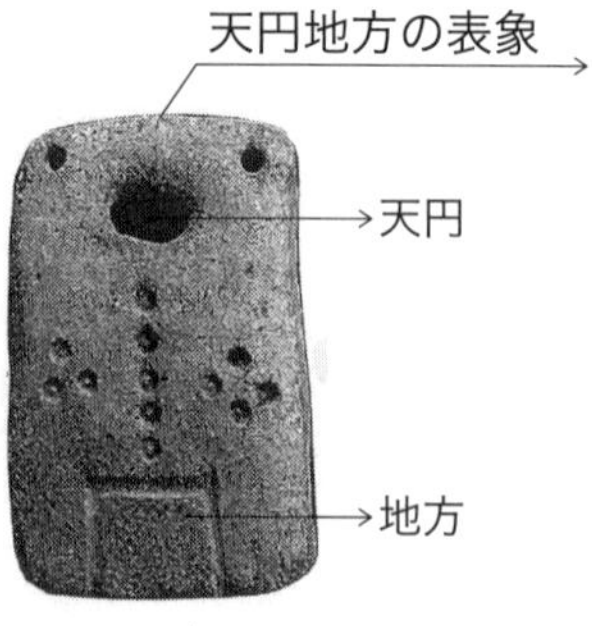

図6-11｜大湯土版前面図

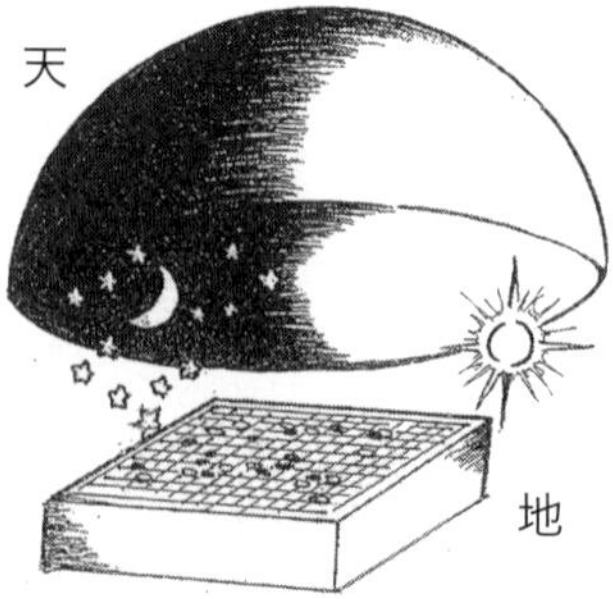

図6-12｜天円地方見取図

ていたと思われる星座関連と上円下方という二つの天円地方理念とは、図らずも一致しているものだと思われる。

　第一は、古代中国戦国時代政治家・呂布韋《ろふい》（紀元前２９２－前２３５）は、『呂氏春秋・円道』の中では、「天道圓《ティエンドウユエン》（てんどうえん）、地道方《ディードウファン》（ちどうほう）、聖王法之《シェンワンファーズ》（せいおうほうし）、以立《イーリー》天下《ティエンシャ》（いりってんか）」とあり、すなわち、天の天道は円い、地の地道は四角い、聖王は、この法則に基づき、王朝を立てる。また、「日夜一周《リイイエイージョウ》（にちやいっしゅう）、圓道也《ユエンドウイエ》（えんどうや）。月躔《ユエチャン》二十八宿《アールシューバーシュー》（げっでんにじゅうはちしゅく）、軫與角属《ジェンユージョウシュー》（しんよかくぞく）、圓道也《ユエンドウイエ》（えんどうや）……。」とあった。すなわち、日夜一周の変化は円形と見なし、月・星々が軌道に沿って動くことは、円形と見なした。古代の人たちは、天のはたらきである大空の規律ある星の運行は、円道と見なす。円形である天円は、星に依拠すると信じているからである。このような呂布韋が論説の天円地方には、大湯土版と星の天円地方理念についての解説（154頁）が連想される。

　もう一つは、陰と陽は、宇宙のすべてのものの起源だということから、陰と陽は、相互に依存しながら対立していく存在である。天は陽・上・円形、運動の象徴であり、地は陰・下・方形、静止の象徴である。天円地方は、一円一方、一上一下、一動一静が対立した上での、整合性のある陰陽合一思想概念の天円地方宇宙観である。曾子は、『大戴礼記・曾子天円篇』の中で、「天之所生上首《ティエンズースオシュンシャンション》、地之所生下首《ディーズースオシェンシャーショウ》」（てんししょせいじょうしゅ、ちししょせいかしゅ）、「上首謂《シャンショウウェイ》之円《ズーユエン》、下首謂之方《シャショウウェイズーファン》」（じょうしゅいしえん、かしゅいしほう）とあり、すなわち、天というところが上首（上の方）に生じて円と言い、地というところが下首（下の方）に生じて方と言うのである、という上円下方の天円地方理念形成の論説であった。これらは、縄文秋田大湯土版前面図（図6－11）の大円孔は、上の天円・陽で、四角い溝形状は、下の地方・陰だという、大湯土版の上円下方の天円地方理念についての解説（155頁）と符合しているのではないかと思われる。

古代中国の天円地方のルーツは、神話や伝説上の伏羲と女媧からだそうだが、前述のように伏羲の原初だと思われる出土品の彩陶鯢魚紋瓶《さいとうげいぎょ》の鯢魚構成図（図3－20・72頁）、女媧である女性のイメージだと思われる人物星辰図岩画構成図（図3－24・74頁）は、大湯土版と文化的要素が類似している点からいえば、天円地方理念の応用に当たって、大湯土版時代には、互いに何らかのかたちで交流があったと推察される。

第７章

大湯土版と環濠集落

日本の環濠集落の出現は、縄文時代からだと言われている。弥生時代の福岡市博多区板付遺跡の環濠集落、佐賀県吉野ヶ里遺跡の環濠集落と、縄文時代の北海道苫小牧市静川16遺跡の環濠集落は、代表格的な存在である。

東アジアの環濠集落では、中国の内モンゴル自治区の興《こう》隆《りゅう》窪《わ》遺跡に、７０００~８０００年前の環濠集落が発見された。また韓国の慶尚南道にも約２３００年前の環濠集落の遺跡があった。日本では１９８２年に北海道苫小牧市に、約４０００年以前の縄文時代の静川16遺跡に環濠集落（図7ー1）が発見され、話題を呼び起こした。

また、北海道との地理的に近い秋田県

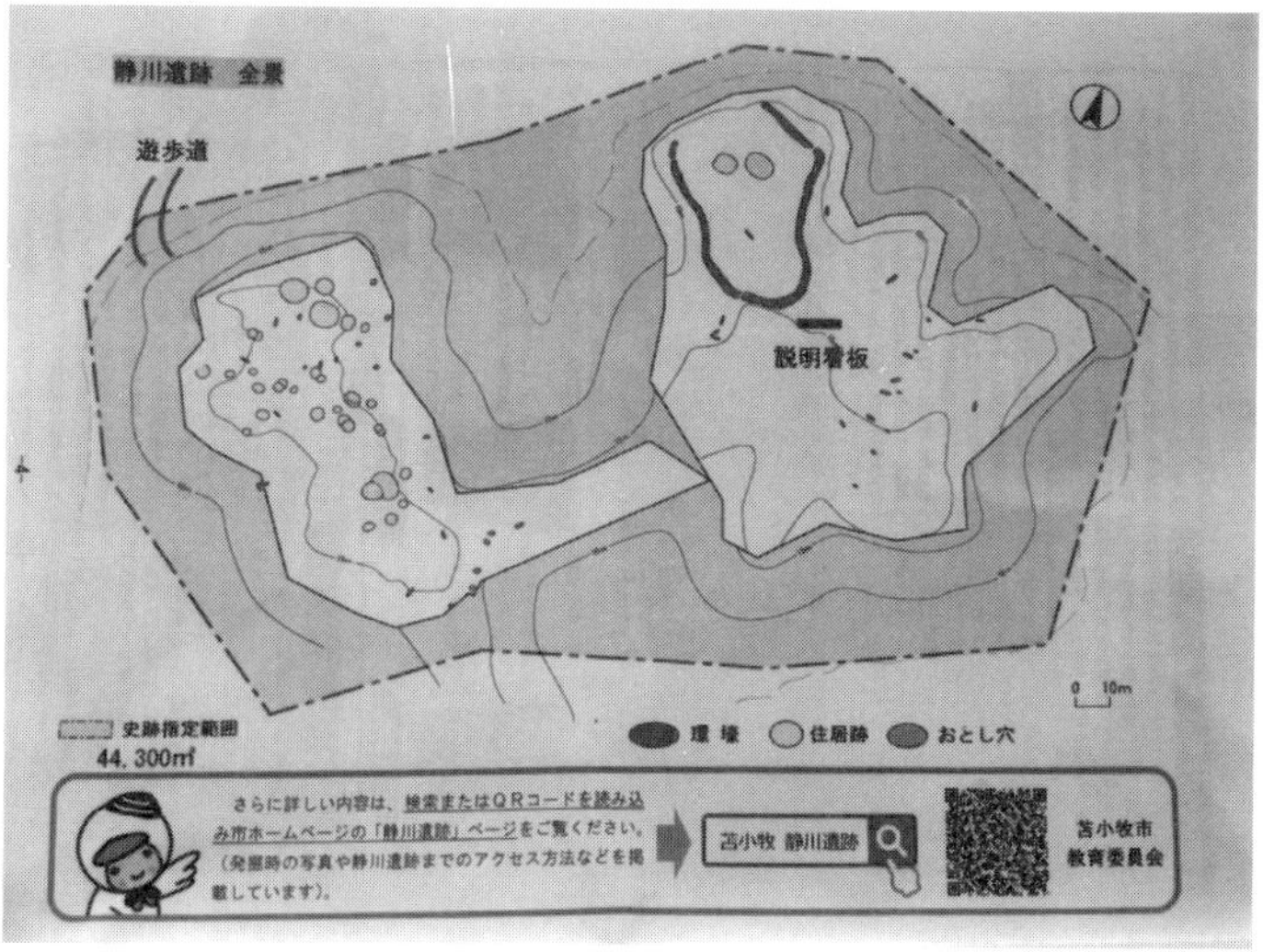

図7-1｜環濠集落・北海道苫小牧市静川16遺跡
苫小牧市教育委員会提供資料より

鹿角市大湯環状列石遺跡に、４０００年以前の縄文時代の土器として大湯土版（図７－２、図７－３）が出土した。その大湯土版のミラクルな模様は、環濠集落の意図を内包したシンボライズだと思われるのと同時に日本の環濠集落のルーツ、すなわち苫小牧市の静川16遺跡の環濠集落の理念の発信地を示すものかもしれない。

従って、大湯土版にあったミラクルな模様のように、縄文人が、独自に環濠集落の理念を持っていたと考えられる。大湯土版の表面と裏面と底面を一面につないだ大湯土版表裏底一面図（図７－４）の形状を観察するならば、縄文人が思った宇宙観のもとでの長方形環濠集落の姿が表されているようにみえる。

大湯土版表裏底一面図（図７－４）の模様と環濠集落大湯土版推理構成見取図（図７－５）の模様は、宇宙のシンボルの日（太陽）、月、星があり、集落や堀と建物らしきものがあり、そこに暮らす古代縄文人の生活があり、宇宙の縮図と見なすことができる。縄文人が環濠集

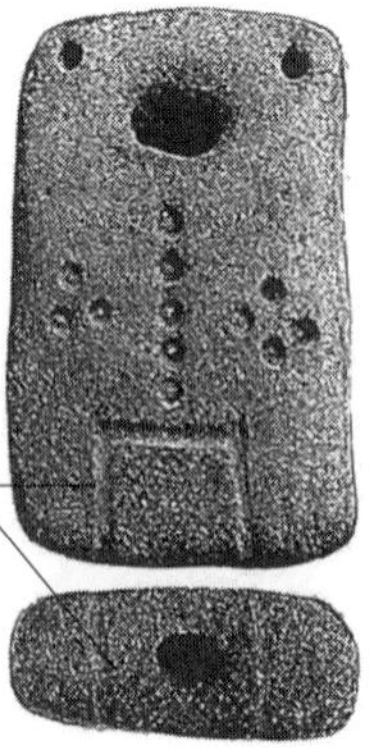

図7-2｜**大湯土版前面と底面図**

図7-3｜**大湯土版背面図**

落の理念のもとで、大湯土版表裏底一面図（図７－４）を簡略した表現の環濠集落大湯土版推理構成見取図（図７－５）では、上部の大円孔は天円地方の天で、昼間は太陽に見立てて、夜間には月として見立てる日・月の象徴である。下部の七つの円点は、北斗七星に見立てる夜間の象徴である。中間部の長方溝形状は、環濠集落に見立てる縄文人の環濠集落のイメージの表れであろう。大湯土版推理構成見取図（図７－５）の全体は、環濠集落としてのシンボライズの模様を表象させていたと思われる。

大湯土版推理構成見取図（図7－5）の中間部の長方溝形状（図7－6）まわりの幅０・２㎝の〝溝〟は、環濠（ほり）

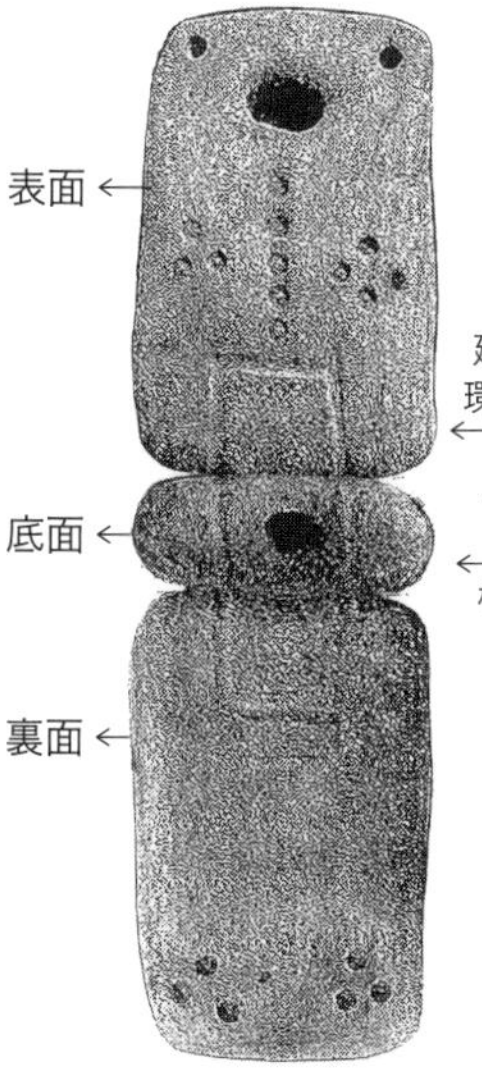

図7-4　大湯土版表裏底一面図

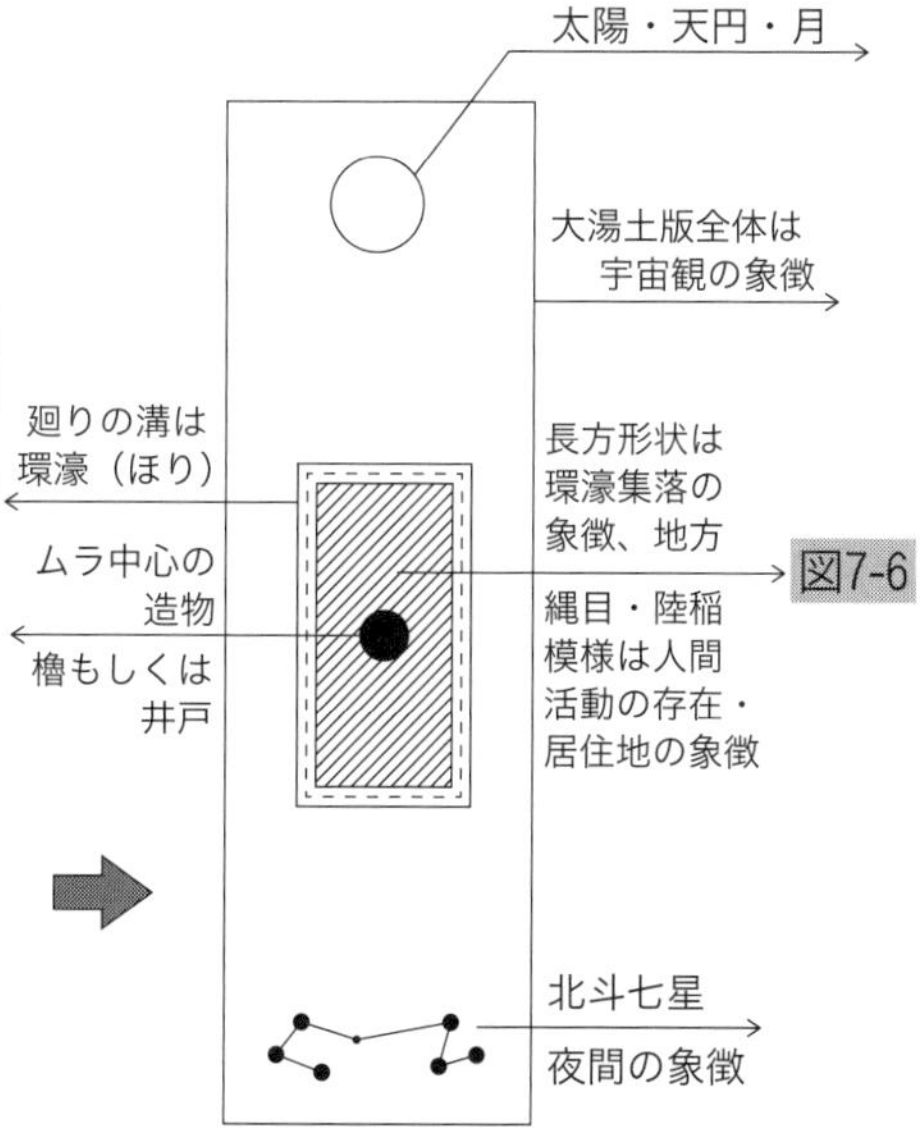

図7-5　環濠集落　大湯土版推理構成見取図

と見なすことができる。環濠の表象である幅0・2㎝の溝は、仮に1万倍以上に拡大して見れば、幅20m以上の環濠になるから、実在の環濠集落の環濠の大きさに等しい規模で、〝溝〟は環濠であろう。長方溝形状（図7－6）の内部分は、縄文模様或いは陸稲模様のイメージに見立てていることができるから、人間社会活動居住地の象徴でもある。その中の円孔模様は、ムラ中心の造物の櫓《やぐら》か、もしくは井戸と見ることができる。

それ故に、大湯土版推理構成見取図（図7－5）の中間部の長方溝（環濠）形状（図7－6）は、縄文時代人社会の陰陽思想を内包した天円地方、天人合一の理念を持った環濠集落であり、シンボライズの存在だと思う。

また、このような環濠集落大湯土版推理構成見取図（図7－5）の中間部の長方溝形状まわりの〝溝〟（ほり）は、環濠とみることができるから、環濠集落（図7－7）の理念を持った縄文秋田大湯土版は、その影響が近い北海道の苫小牧市静川16環濠集落まで及んでいたと考えられる。だが、日本各地はもちろん、当然朝鮮半島に、ひいては大陸にまで、環濠集落の形式理念が及んでいたのであろう。当時、間違いなく各地とさまざまな交流があったと思う。

ちなみに、大湯土版表裏底一面図（図7－4）の土版形状は、昨今の携帯電話の形に似ているのではなかろうか。深慮させられる。

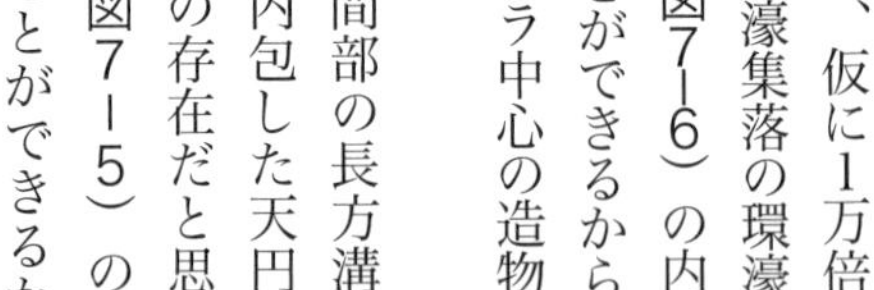

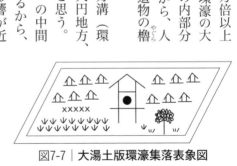

図7-7｜大湯土版環濠集落表象図

第8章

大湯土版と前方後円墳

古代、日本では、３世紀頃（１７００年前）に各地で巨大なものから、小規模なものも含めて、突然に数多くの前方後円墳が作られた。その代表格は、関西の奈良県桜井市にある最古の巨大前方後円墳の箸墓古墳（図８－１・図８－５）で、墳丘の長さは約２８０ｍ、高さは約30ｍを有し、広大なものである。

また、その後、５世紀に同じ関西の堺市に仁徳天皇陵の前方後円墳の大山古墳（図８－２）が作られ、墳丘の長さは４８６ｍ、高さは39・８ｍである。古墳の、その驚異的な大きさや奇抜な設計、それらの設計図の存在すらわからず、なお、造成技術の高さは驚愕させられる。日本の前方後円墳の思想理念の起源は謎のままで、完全に解明されたわけではないが、確かに中国からの天円地方理念の影響との説や、朝鮮半島からの外来説、九州勢力の東征説、大和の勢力説（岡山県楯築古墳ルーツ説）などの諸説がある。それに、超古代文明の遺存、宇宙人との関係説まで後を絶たない。しかし、これらは、推測的な論説の領域から脱していない。また、前方後円墳の形状についての理念には、貴人の乗る車に見立てる車塚説、神仙思想の壺形説などがあるが、いまだに、定説がない。

これらの古墳を作った人たちは、もちろんのこと、どのような方法、手順と思想理念に基づいて考えたのか、その規模の雄大さは、いまのところ世界歴史上の記録でも他に類を見ない。日本の独創的な死者に対しての古墳文化であることは、疑う余地がないであろう。但し、その前方後円墳の思想理念のルーツは明らかにされていない。

図8-2｜**大山古墳・仁徳天皇陵**

奈良県立橿原考古学研究所・写真提供

図8-1｜**箸墓古墳**

奈良県立橿原考古学研究所・写真提供

図8-3｜**前方後円墳**
大湯土版前面図

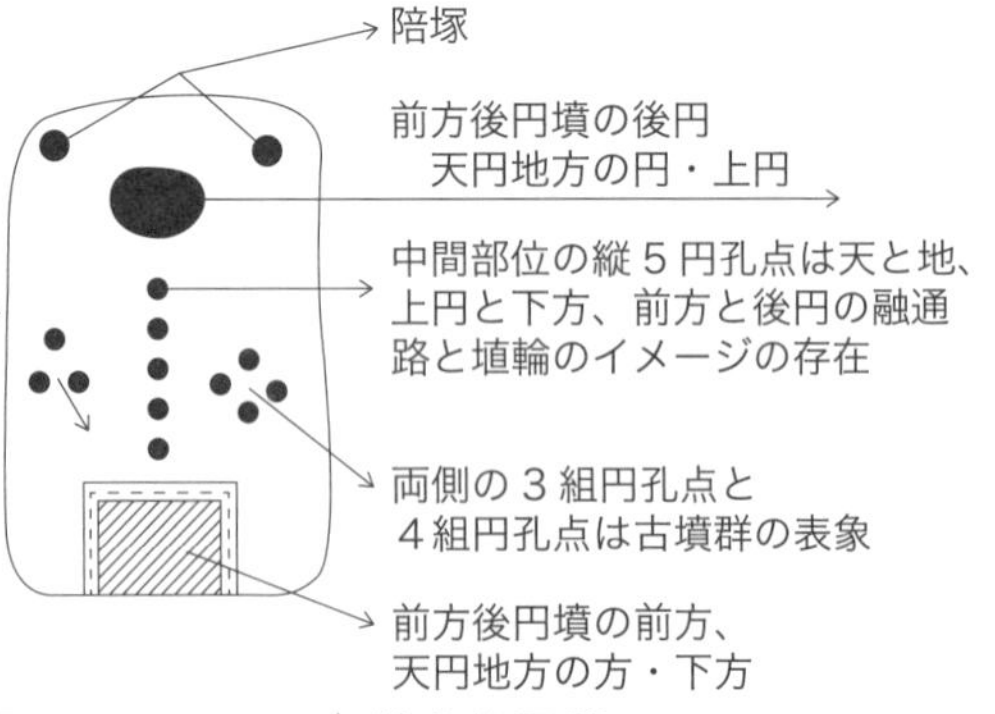

図8-4｜**前方後円墳**
大湯土版前面構成見取図

だが、前方後円墳が突如として建造されたとはいえ、必ずや、その時代には前方後円墳、或いはそのほかの社会の出来事にまつわる神話や伝説の存在があったと思われる。また、それをもとにして前方後円墳の思想理念の根拠になるものがあるであろう。つまり、その出自は、縄文時代に遡ることにより、縄文文化にその答えがあると思われる。確かに前方後円墳のルーツは、縄文文化からだとの書物や論説がたくさんあるが、ただ、それについての縄文時代なりの神話や伝説などの記述がなかなか見当たらない。真実は、縄文時代の約１万５０００年前よりの土器、土偶、或いは石器のような実物の存在がそれを物語っている。秋田県鹿角市大湯環状列石の縄文時代の遺跡から出土した土版の大湯土版前面図（図８－３）の模様に内包された情報は、巨大な前方後円墳の造成の思想理念のルーツを示したものだと思われる。

図８－３は、大湯土版前面図だが、模様を前方後円墳の表象と見なすことができる。縄文人は、上円下方の天円地方の思想に基づき、自然界の論理構成は天人合一、陰陽五行で形成されたと信奉し、大湯土版に前方後円墳のシンボライズしての模様を表象したと思う。

大湯土版前面構成見取図（図８－４）では、下部の四角い溝形状は天円地方の「方」で前方後円墳の「前方」に見立てる。また、陰陽の陰に属する。上部の大円孔模様は、天円地方の「円」で前方後円墳の「後円」に見立てる。なお、陰陽の陽に属する。上部左右の両端の小円孔模様を陪塚《ばいつか》に見立てて、中間部位の左右両側の３組み円孔点と４組み円孔点は、その他の古墳群の表象に見立てている。中間部位の五つの縦円孔点は、陰陽五行学説の木・火・土・金・

水という自然界の五つの基本物質としての理念で五行と見なす。また、五つの縦円孔点は、左右両側の3組み円孔点と4組み円孔点を合わせると、人間像にも見立てているから、即ち、人間である俗世に大円孔の天円である後円、四角い溝形状の地方である前方を加えて、前方後円墳の天・人・地三位一体の宇宙観にもなる。それに、前方である四角い溝形状の下の底面の穴から、上の後円である大円孔までの内部の貫通孔（トンネル）は、天と地、上円と下方、前方と後円への陽霊と陰魂（生前の霊、死後の魂）の融通路の役割的な存在であろう。五つの縦円孔点の位置を考査すれば、祭祀土器の円筒形埴輪のイメージ的存在であったかもしれない。

また、大円孔は、天円である後円で祭祀、埋葬の場であり、四角い溝形状は、地方である前方で副葬品等の安置の場でもあろうか。天円地方の理念表現も大湯土版に前方後円墳の形状として体現されたのであろう。それに、大湯土版の四角い溝形状の地方である前方から、大円孔の天円である後円までの内部の貫通孔（トンネル）の構造理念を考えると、箸墓古墳をはじめ、大山古墳などの巨大前方後円墳の内部も大湯土版の内部と同じように前方と後円をつなぐ穴（トンネル）を設けているかもしれない。したがって、古代日本の前方後円墳の理念形成のルーツは縄文時代にあり、大湯土版に表象されてあったのではなかろうか。

3世紀頃は、日本に突如として、巨大な前方後円墳が全国各地で建造されたのだが、日本固有の文化思想的な前方後円墳なので、当然、そのルーツは縄文文化にある。いわゆるその思想的な存在は、すでに遥か昔の縄文時代にあり、それは、大湯土版に表象されていたのではないか。時代は時代で、縄文時代の前方後円墳の思想理念は、何らかの原因で他の地域に伝播して、或いは時代は時代的停滞としていたった。たまたま、３世紀頃になってからの、何らかの文化・文明の刺激によって、他の国、地域の文化文明の要素の進出や、あるいは超古代文明遺存、宇宙人の遺物思想理念の喚起など（大湯土版の天上界説）で、前方後円墳の思想理念のルネサンスの出現となったのであろうか。したがって、大湯土版の模様を探求すれば、もともと、前方後円墳の文化思想理念は、縄文時代にあったと理解できるのであろうと思う。

５世紀頃の大山古墳（図８－２）と縄文秋田大湯土版（図８－３）のイメージ図は、並べて見れば潜在的な共通性が見え隠れしているのではないであろうか。

箸墓古墳　はしはかこふん

邪馬台国の女王卑弥呼の墓という説もある箸墓古墳は、わが国最初の巨大古墳として知られています。現在は倭迹迹日百襲姫命の大市墓として宮内庁が管理しています。築造年代につきましては研究者により様々ですが、3世紀中頃から後半に造られたとみられます。

図8-5｜**前方後円墳**

桜井市観光協会・写真とキャプション提供

古道地図より

第９章

大湯土版と禹歩・反閇・盆踊り

人類が初めて踊りをはじめたのは、いつからであろう。おそらく、人類が生まれた時からだと思う。今から約2万2000年前頃のフランスにあった洞窟遺跡の岩画（図9－1）は、鹿の剥製を被って踊っていたシャーマンの姿だと思われているものを、この岩画は物語っている。

なお、中国の神話や伝説上の遠古時代の約4000年以前の夏王朝の創始者である禹《う》・禹王《うおう》が、作ったと言われている禹歩《うほ》（図9－2）は、すなわち、歩罡踏斗《ほこうとうと》と呼ぶ踊り方である。この歩罡踏斗は、北斗七星に由来すると言われている。日本には踊りと言えば、

図9-1｜**鹿角シャーマン**

フランス洞窟岩画　BC 20000年前
図形：銭益中　韓連国著『紅山古玉』上海書画出版社　2007年

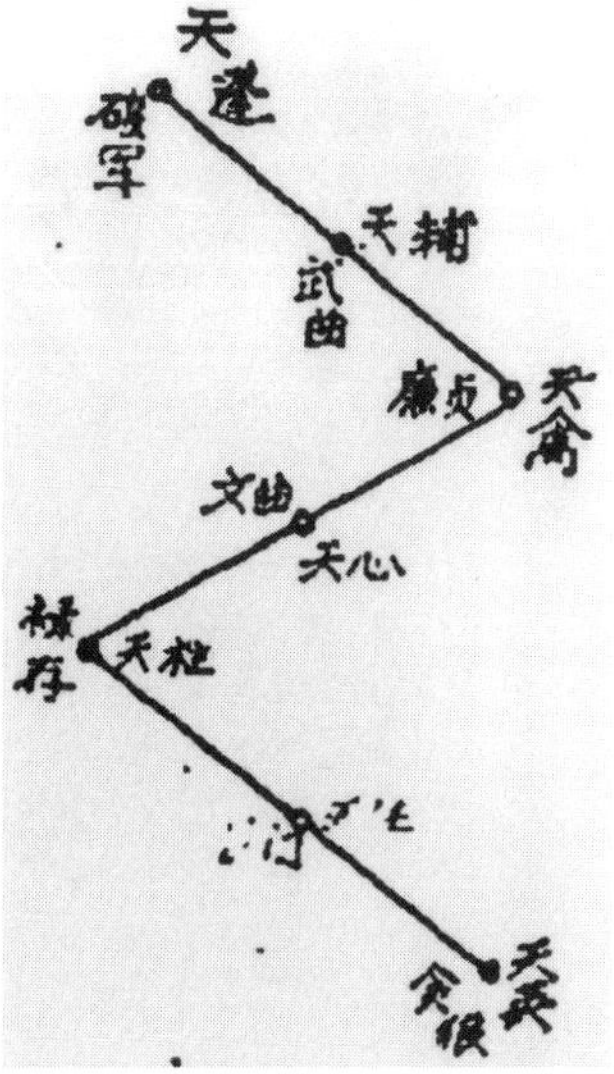

図9-2｜**禹歩のフットワーク**

「禹歩的走法详解图片［8］」

言うまでもなく、年中行事の盆踊りがある。その起源は、縄文時代からだと言われている。

　近年、青森県の特別史跡三内丸山遺跡から、約４３００年以前の縄文時代中期後葉《こうよう》だと言われている踊りの人物画模様姿の土器（図９－３）が出土した。それは、踊る文化のルーツの一つである象徴的な造物であろう。

　また、隣接の秋田県鹿角市の縄文時代の大湯環状列石遺跡の地から、出土した大湯土版前面図（図９－４）の土版の模様の理念は、踊りの、強いて言えば、盆踊りのルーツになるかもしれないもので、そこで大湯土版に依拠して踊りの、ないし盆踊りのルーツを考察してみることにした。

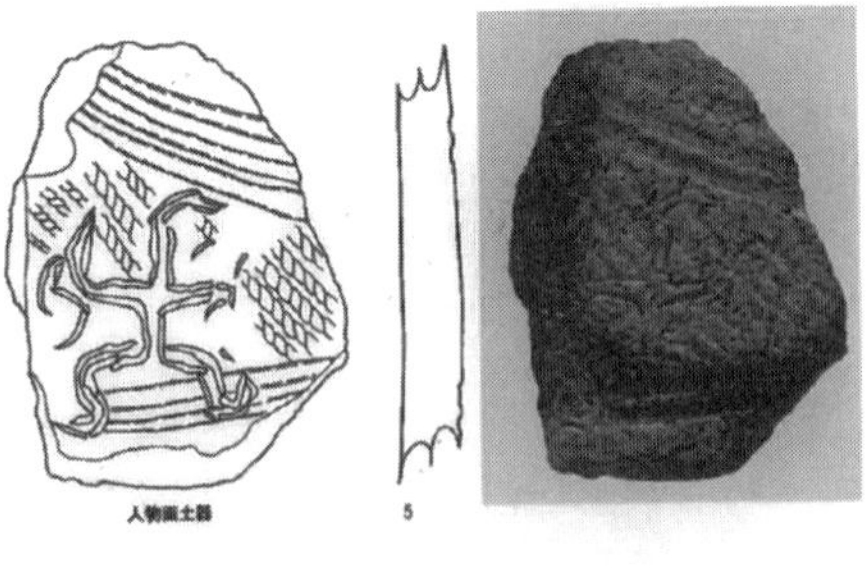

図9-3 | **人物画土器**

縄文中期後葉・約4300年前
青森県三内丸山遺跡センター・写真提供

図9-4 | **大湯土版 前面図**

1 禹《う》歩《ほ》

中国戦国時代の思想家・尸佼《しこう》（紀元前390—前330）が著作した『尸子』という書籍に、禹歩について初めての記述がある。原文では「禹《ユウ》於《ユ》是疏河決江《シューシュウフウジュエジャン》（うおぜそかけっこう）、十年《シュニィエン》未闚其家《ウェイカンチージャー》（じゅうねんみかんきか）、歩不相過《ブーブーシャングオ》（ほふそうか）、人曰禹歩《レンユエユーブー》（にんえつうほ）」とあった。すなわち、禹は、一生懸命河川の整備に取り組んでいて、十年間自宅の前を通っても、敢えて入らずにいて独自な歩き方をしていたので、人は禹歩と呼んだ。ちなみに尸佼は、宇宙について『尸子』の本に、〝四方上下曰《スーファンシャンシャーユエ》宇《ユ》・往古来今曰宙《ワングーライジンユエジョウ》〟（しほうじょうげえつう・おうこらいこんえつちゅう）という宇と宙の理念を初めて言及した。つまり、宇は空間を意味して、宙は時間を意味する宇宙論である。

伝説では、夏王朝初代帝王の禹帝《うてい》が神亀洛書《しんきらくしょ》を獲得してから、治水を成功裏に収めたのちに、北斗七星の形に踊り歩く技法の禹歩を創作した。そのフットワーク（歩調）は、北斗七星の形に地面を踏んで踊り歩くために、あたかも北斗七星の上を歩いているように見え、歩罡踏斗《ほこうとうと》と呼ぶ。罡は、北斗七星の斗柄部分の意味で、斗は、北斗七星のことである。禹帝は、常に〝罡《こう》歩以得神霊之旨《ほいとくしんれいしし》〟という理念で、すなわち、天上界の神のみたまの神意が得られるという理念のもとで禹歩を踊り歩いた。

　禹歩である歩《ほ》罡《こう》踏《とう》斗《と》は、中国の古代夏王朝時代の神話や伝説だが、同時期と思われる縄文時代には、歩罡踏斗のような神話や伝説が確認されたことはなく、ただ、歩罡踏斗の理念を持っていたと思われる大湯土版が存在している。表裏底を一体にした大湯土版表裏底一面図（図9－5）と、大湯土版表裏底一面見取図（図9－6）の模様の表現は、神話や伝説の禹歩である歩罡踏斗の理念を具現化したシンボライズではないか。禹歩に関する神話や伝説を参照しながら、大湯土版の模様の深層部に見え隠れする踊り文化の理念たるものに基づいて、大湯土版と禹歩との共通点を考えていきたい。

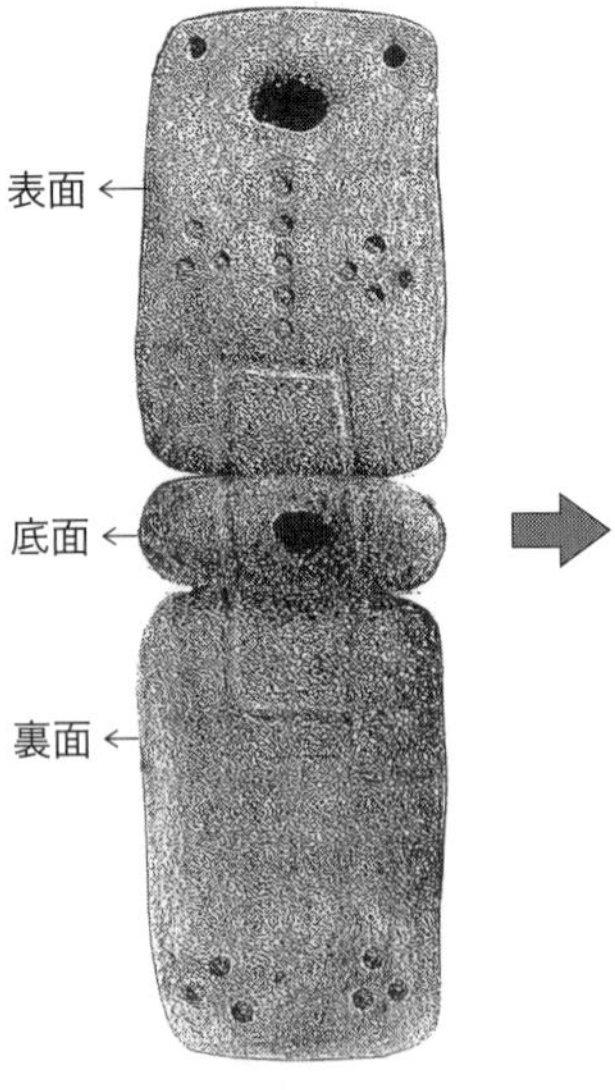

図9-5　大湯土版表裏底一面図

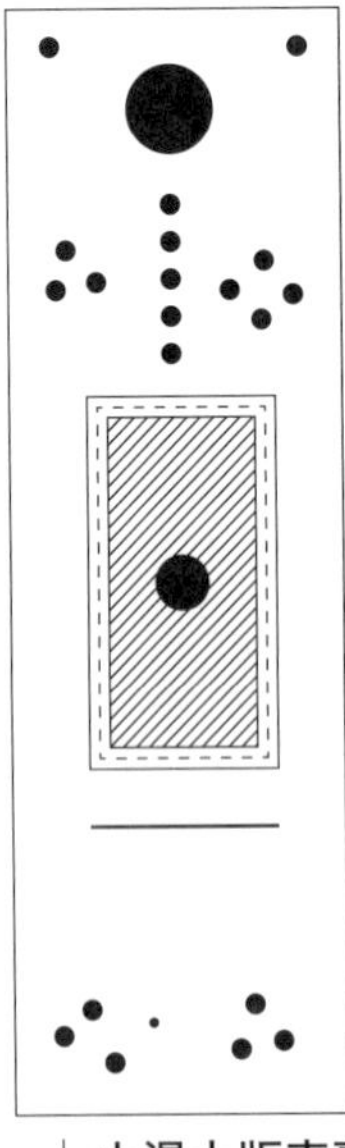

図9-6　大湯土版表裏底一面見取図

禹王を始め、古代人は、北斗七星が天神の総監であるから、北斗七星は、天上界の王様的な存在であり、神との交流の際は、北斗七星に頼って行えると信奉し北斗七星を崇拝した。禹歩を通して天神との交流を行い、人間の運命のすべてが、掌握されると信じたからである。また、天と地の融合理念を実践し、天人合一、神人一体の宇宙観念を持っていたからでもある。要するに、禹歩の理念は〝天上界の神のみたまの神意が得られる〟（罡歩以得神霊之旨《ジェンブーイードゥアシェンリンジューズウー》）という事にほかならない。実際に夏王朝の禹王時代の禹歩は、すでに中国では伝承が途絶えていて散逸してしまったそうである。

現在、中国でいう禹歩は、道教流の禹歩（図9－7、図9－8）で、当初の夏王朝禹王の禹歩からの派生した形状だそうである。トータルすると、百近くの種類があるらしく、異なるフットワーク（歩調）になったとしても、基本は、同じで北斗七星の形に沿っての踊りである。

道教は、日・月・星座を崇拝し、特に北斗七星を重んじて、歩罡踏斗である禹歩の形態に基づいて踊る。その狙いは、神を祈禱して神意が降臨させられ、霊が呼び寄せられる（可遺神《クアチエンシエン》召霊《ジョウリン》・かけんしんしょうれい）。すなわち、歩罡踏斗を通じて、北斗七星から神意が得られることで、邪気駆除、真気（生命力を充実するエネルギー）が迎え入れられることと、道教の自然界に対しての天人合一（天と地と人の三者が合わす）、すなわち、神人一体の信仰思想である。

禹歩のフットワーク（歩調）について中国の西晋時代の道教研究家、医学家で有名な医学書『肘《きゅう》後《ご》備《び》急方《きゅうほう》』の作者の葛洪《かっこう》（283－343）は著書『抱朴子《ほうぼくし》内篇《ないへん》・登渉《とうしょう》』の中で、次のように記している。

「直立して右足を前に出し、左足を後に置く、次に再び左足を前に出し、次に右足を前にして左足を右足に従い並ばせる。これを一歩とする。次に再び右足を前に出し、次に左足を前にして左足を右足に従い並ばせる。これを二歩とする。次に再び左足を前に出し、次に右足を前にして左足を右足に従う両足を並ばせる。これを三歩とする」

このようにして禹歩の歩みは前進してゆく。

これらは、「禹歩」が「三歩」を以て完結するものであることを述べている。一方、各種の諸出土文献を見比べると、『抱朴子《ほうぼくし》』の記載は、かなり古い時代の禹歩の技法であったと分かっ

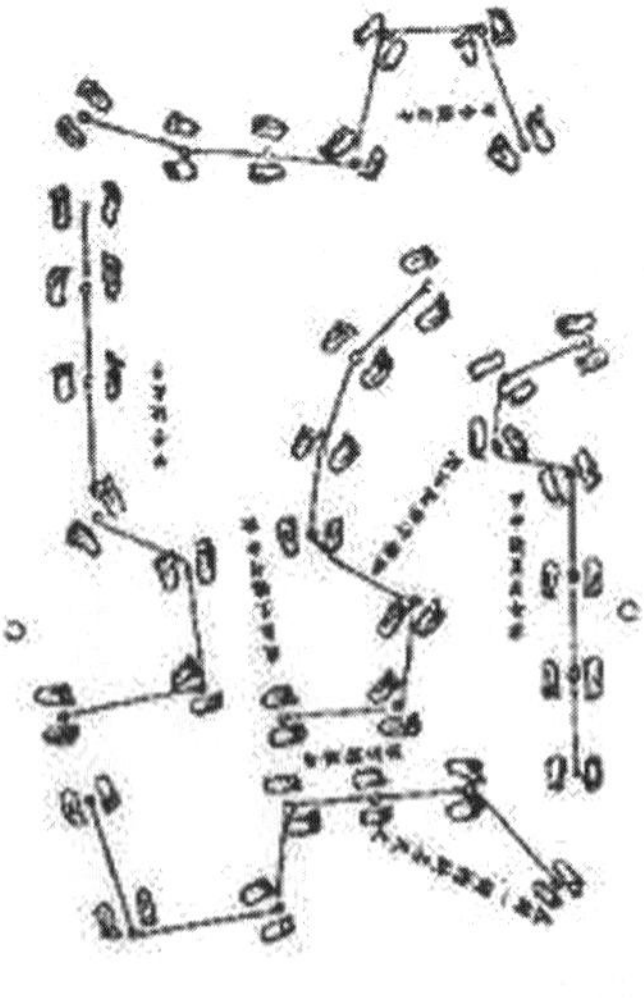

図9-7｜**禹歩の歩法・道教流**

「禹歩的走法详解图片［8］」

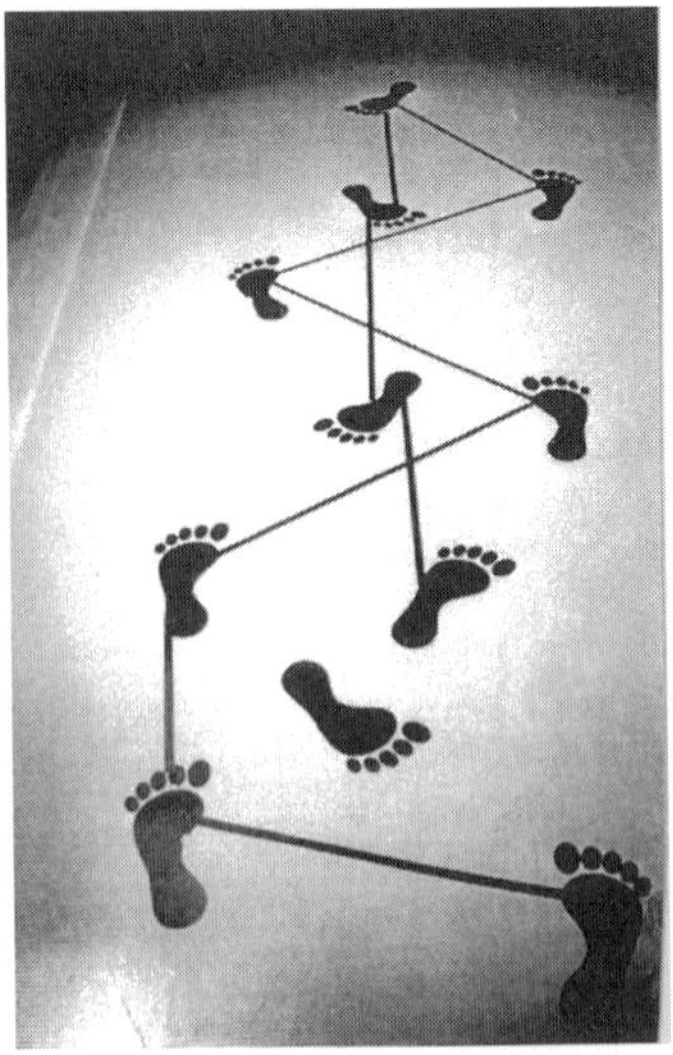

図9-8｜**禹歩の歩法・道教流**

「禹歩的走法详解图片［8］」

たのである。

図9－9は、大湯土版表裏底一面図（図9－5）から、演繹した禹歩である歩罡踏斗大湯土版推理構成見取図だが、図案構成には、天上界のみたまの神意が得られる（罡歩以得神霊之旨）という禹歩の理念が見え隠れしていると考えられる。

図9－9の全体は、宇宙のイメージだと見なして宇宙の縮図でもある。最上部の大きな円形状は、夜の満月の月に見立て、そのすぐ下の七つの円点は、夜空にあった北斗七星の星座の表象に見立てる。最下部の1～7までの円点は、地面にかたどった北斗七星の星座の表象に見立て、中間部位の四角い長方溝形状の縄文模様は、集落のイメー

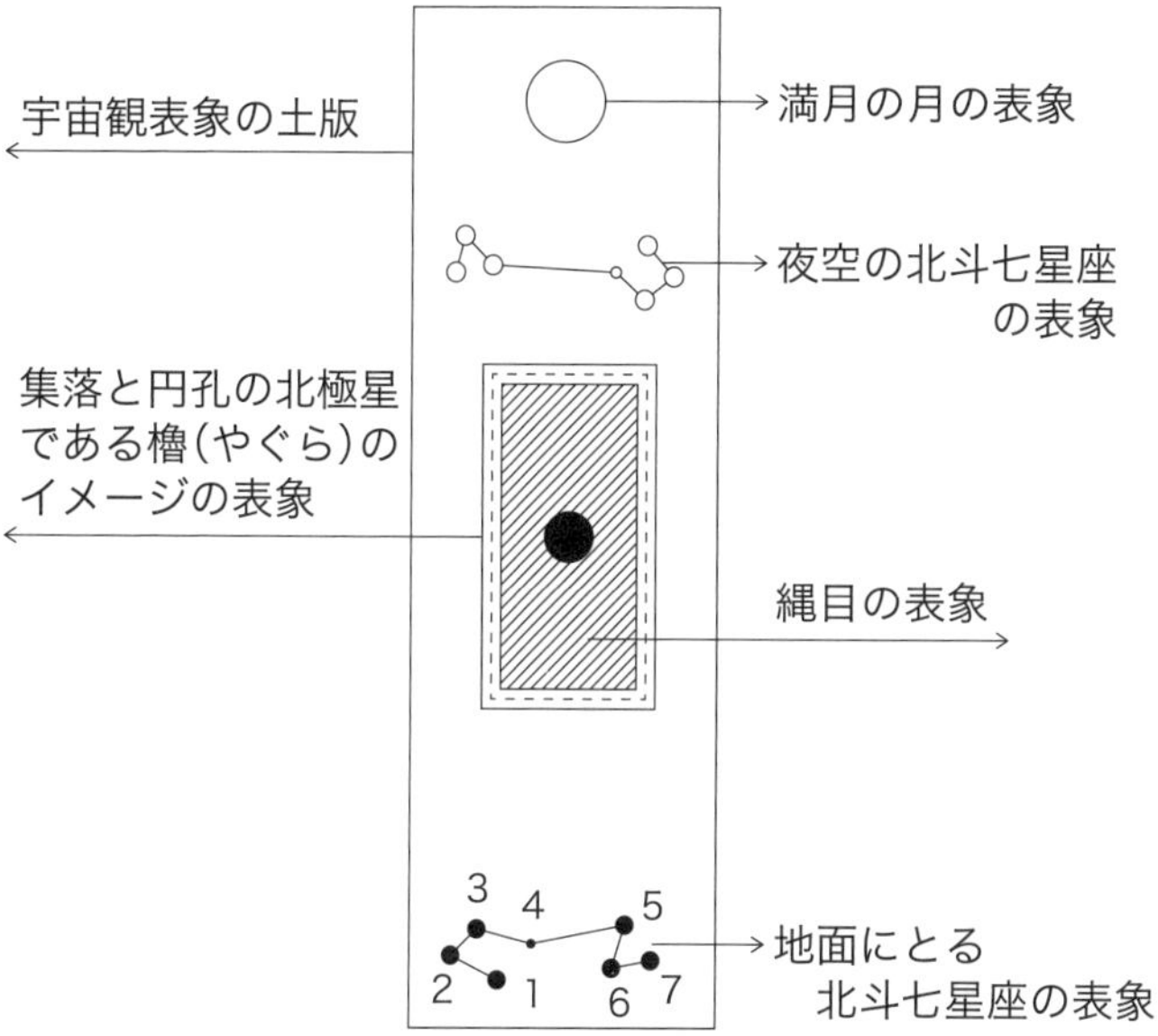

図9-9｜歩罡踏斗　大湯土版推理構成見取図

ジの表象で、その中心の円孔は、北極星である櫓《やぐら》の表象に見立てている。

だが、図9－9歩罡踏斗大湯土版推理構成見取図から踊る文化を探ってみると、縄文人が天人合一、神人一体の思想理念に基づいて、図9－9の中間部に居住地の環濠集落をイメージにして、上部の夜空に大きな円形状である満月のもとで、七つの円点である北斗七星を見ながら、天上界の神のみたまの神意が得られる（罡歩以得神霊之旨）ことを信じて、下部の地面にかたどった七つの円点である北斗七星の形にしたがって踊り歩くのは、禹歩の理念にかなうと思われる。禹歩は、図9－9歩罡踏斗大湯土版推理構成見取図の表象模様によって表現されているのではないであろうか。

2 反閇《へんばい》

また、反閇は、中国からの伝来、禹歩から来たと言われる。禹歩は、日本では「反閇」とも呼ばれていて、陰陽道、修験道の呪術の一つである。

その後、反閇は、天皇家の行幸の際や貴族の行事でも行われた。また、現在、各地の神宮神社、寺院や地域などの行事の際に行われ、古典舞踊、芸能、相撲界などの分野でも使用されている。北斗七星の形にそっての禹歩である反閇は、〝歩罡踏斗《ほこうとうと》〟とも称して、〝罡歩以得神霊之旨《こうほいとくしんれいしし》〟と言う宗旨《しゅうし》である。すなわち、天上界の神のみたまの神意（天意）が得られるという理念のもとで、祈禱をしながら祖霊を慰撫することと、邪気悪霊を払えることを信じて踊り歩くのである。

しかし、中国では禹歩の起源について、諸説がある。夏王朝初代帝王の禹・禹王による創始説が一般的だが、禹王時代にはすでに存在していて、禹王からではないという説がある。詳細は、はっきりとしていない。だが、夏王朝より約1000年以上前の中国文明のルーツの一つだといわれる紅山文化は、その紅山文化のものだと思われる踊り模様表現の石彫刻画（図9−10）が、踊り文化、禹歩の起源とつながりのある遺存ではないかと思われるものが存在している。また、日本に伝わってきた禹歩は、いつの時代のものであろうか。ひょっとすると日本の禹歩である反閇は、名称のほか踊り方も、中国で散逸された以前のものかもしれないし、後の道教流の禹歩かもしれない。だが、禹歩である反閇は、図9―9大湯土版推理構成見取図にその思想理念たるものが潜在的にみえる。また、紅山文化との関連があるかもしれない。反閇は、縄文文化と関連があるかもしれない。

　いずれにしても、北斗七星の形にしたがっての歩罡《ほこう》踏斗《とうと》（図9―11）である反閇は、フットワーク（歩調）の差異があったとしても、天人合一、神人一体の踊り理念は変わらない。また、その理念に基づき、天上界の神のみたまの神意（つまり、罡歩以得神霊之旨）が得られることを信じて、五穀豊穣を祈り、祖霊を慰撫し、邪気悪霊を払うという信念が同じだと思われる。

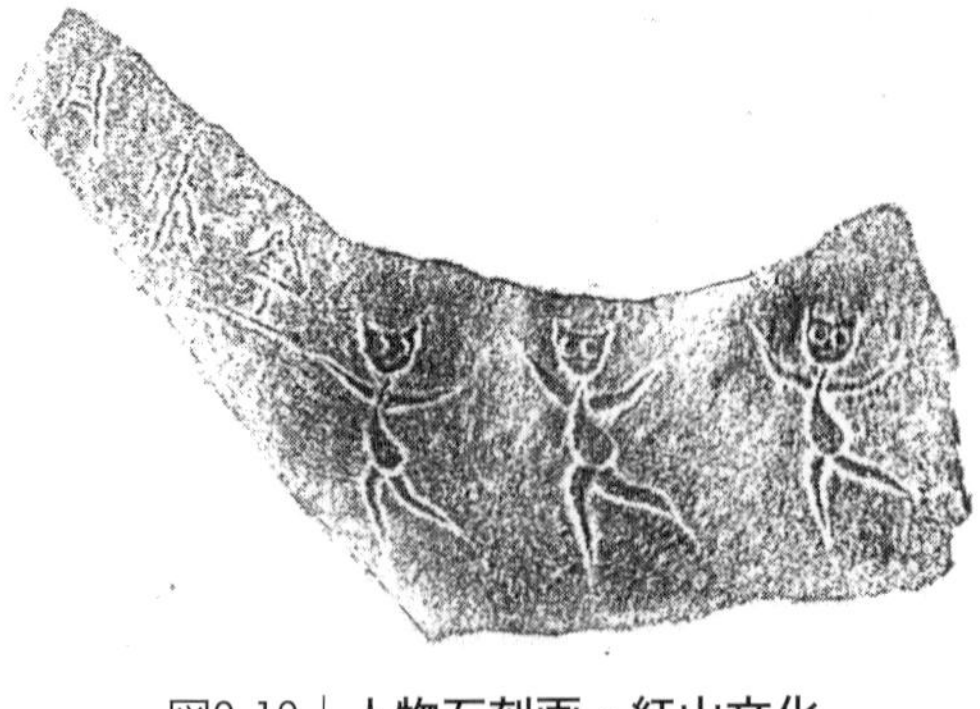

図9-10｜**人物石刻画・紅山文化**

BC 3000年前　22×８×３×1.5 cm

中川寿郎氏蔵・提供

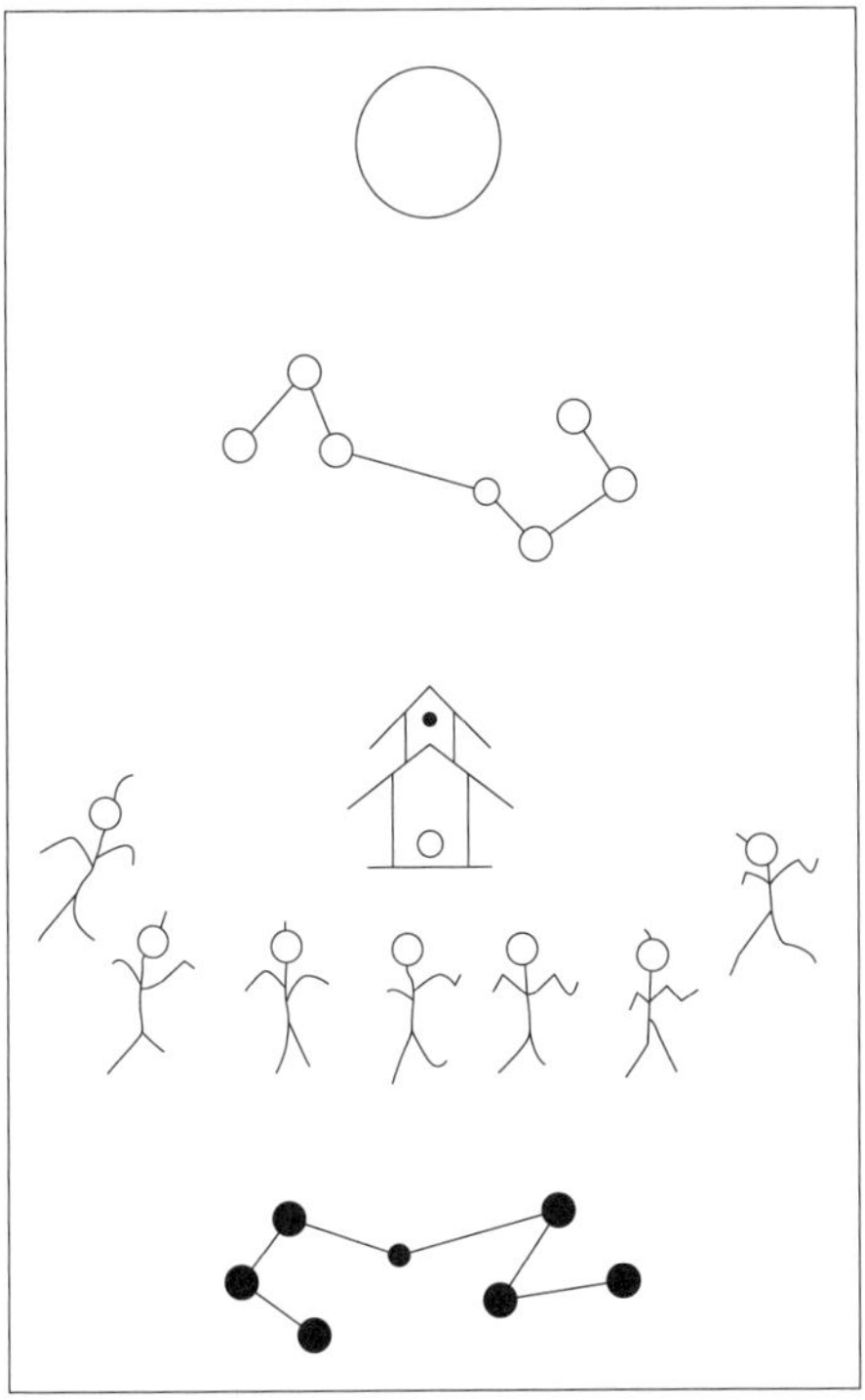

図9-11｜歩罡踏斗見取図

3 盆踊り

日本の盆踊りは、平安時代の僧侶・空也（903−972）から始まったと言われている。盆踊りのルーツは、縄文時代からだとの解説がある。ストーンサークルは、踊る文化との関係にあるひとつの設置物だとの説も、日本だけでなく、世界各地に存在している。

盆踊りは、三大流し踊りに発展してきた。行進型の踊り、輪踊り、舞台踊りだが、踊りのフットワーク（歩調）は、まったく同じではないが、類似している点は注目させられる。つまり、北斗七星の形に従って反時計回りに踊り歩くように見える。これは、禹歩である歩罡踏斗とは同じではないかと思われる。もし盆踊りに歩罡踏斗と同じような理念があるとすれば、神霊を慰撫し、先祖の霊を迎え入れ送り出す。また、踊る人の悪霊災厄を払うという行為だけでなく、〝罡歩以得神霊之旨〟、すなわち、天上界の神のみたまの神意が得られるという踊りの儀式の天人合一、神人一体の思想理念の表れではないであろうか。盆踊りは、誕生するまでの長い間には踊りが間違いなく存在していたが、平安時代になって、にわかに盆踊りができた。おそらく、その理念的な存在は、その時代その時代なりの神話や伝説があったはずである。たまたま、盆踊りのルネサンスは、平安時代に表されてきたにすぎない。やはり、その原点は縄文時代にあり、大湯土版に表現されているのではないか。

縄文人は、日・月・星の三位一体の信仰のもとで季節の運営、時刻の掌握、方向の判別等に北斗七星の神聖さを信仰し頼ってきた。共同体集落の行事の際や、生存のための自然界との戦いの束の間の休息の時、首領であるシャーマンに従って、満月の夜空に輝く北斗七星のもとで、円空間の中心部である北極星のイメージを帯びる櫓を囲んで、老若男女が厳かに、なお、楽しく勇ましく、図9－9大湯土版推理構成見取図のように、夜空のきらきら輝く北極星を軸心に反時計回りの北斗七星を見ながら、地面にかたどった北斗七星の1～7までの順で、北斗七星の形に沿って地面を踏んで踊り歩き、天上界の神のみたまの神意を得ながら、先祖を供養して霊を迎え入れ送り出したのではないであろうか。これは、まさしく今日の盆踊りのルーツであり、天人合一、神人一体の祭典の再現であり、縄文人の歩罡踏斗の姿であって、シンボライズの表象でもあったのではないであろうか（図9－12・図9－13参照）。

図9－9大湯土版推理構成見取図の模様表現のように、はるか昔、縄文人は、星信仰の理念を無心に追いかけて、北斗七星の形に踊り歩く時には、古代中国の夏王朝の創始者である禹王が、民を引率して禹歩である歩罡踏斗に興じていた姿を想像すると、遠古時代のロマンに対しての高揚感が湧き落ち着かなく、心が躍り思わず盆踊りの行列に加わりたくなるのであろう。

図9-12｜**踊る歌垣（男子奇数）**

人物石彫刻画・紅山文化　BC3000年前　中川寿郎氏蔵・提供

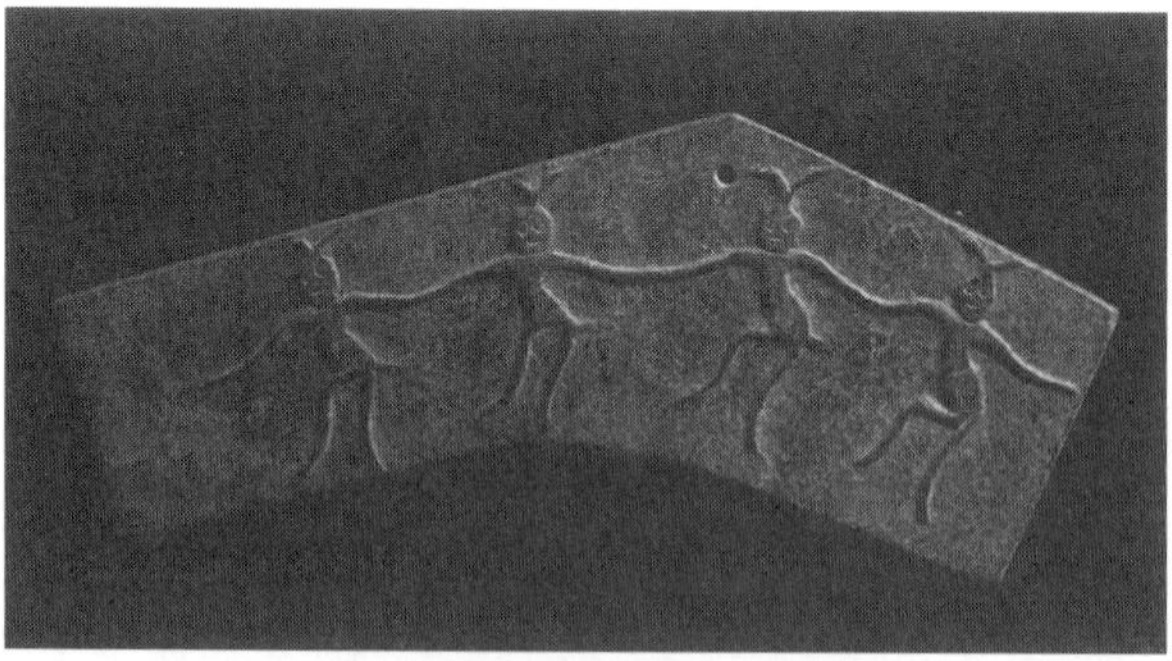

図9-13｜**踊る歌垣（女子偶数）**

人物石彫刻画・紅山文化　BC3000年前　中川寿郎氏蔵・提供

第10章

大湯土版と日の丸の旗

太陽を表すとされる日章旗の歴史とデザインは、太陽信仰から生まれたと信じるのは、自然で理にかなっていると思う。日の丸のルーツは、解明されていない点が多く、太陽神の天照大神が、神話上の日の丸のルーツだと見られていた。

日の丸は、旗として最も古い歴史を持っていて、その存在について暉峻康隆氏は、『日の丸・君が代の成り立ち』（岩波書店）19頁の中で、次のように語っている。「このように国民の間に定着した太陽信仰は、もとより武家にも及び、日の丸の扇を用いたことは『平家物語』や『源平盛衰記』などにも見えるが、後には旗指物として諸家が使用している」とあり、また、「武田義信八百ばかり、悉しく甲にて腰差なども取隠し、謙信勢の油

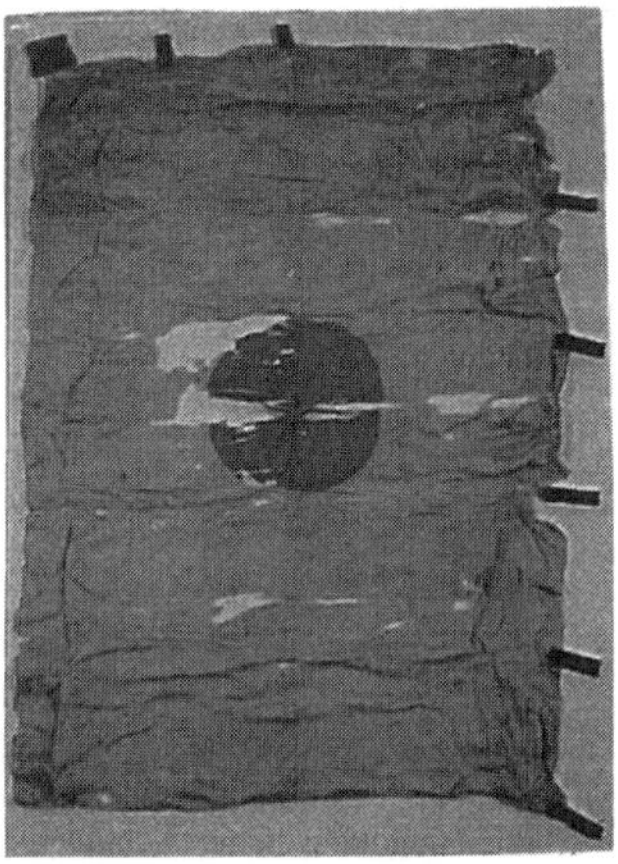

図10-1｜**日の丸紋の旗**

五條市歴史民俗資料館蔵・写真提供（1463–1634年製）

図10-2｜日章旗

断の処へ俄に取掛り候ひて、謙信日の丸の旗を目にかけ急にかかり入り候。これは上杉勢が、日の丸の旗を用いていた記録である」と日の丸の旗の存在時期の解説であった。

また、近年、令和元年8月17日に、奈良県・五條市の旧家保管の１４６３〜１６３４年製・最古の日の丸の旗（図10－１）のようなものが発見された。このことで、古い時代に日の丸の旗が、実在していたことが新たに立証される。

日章旗（図10－２）の形成理念は、太陽信仰からだが、日の丸の旗のルーツを、縄文時代にたどれば、縄文秋田大湯土版に日の丸の旗の理念が内包されていることを推察することができる。図10－３は、大湯土版の表裏底を一面にした模様の形だが、そこから、大湯土版表裏底一面図（図10－３）を簡略した図10－４の大湯土版推理構成見取図の中間にあった長方形に丸い形状は、日章旗のイメージが読み取られた日の丸の旗（図10－５）であり、まさに日の丸の旗の形が表れている。

大湯土版推理構成見取図（図10－４）の全体像は、宇宙観念だと理解できる。中間の長方形に丸い形状は、太陽として日の丸の

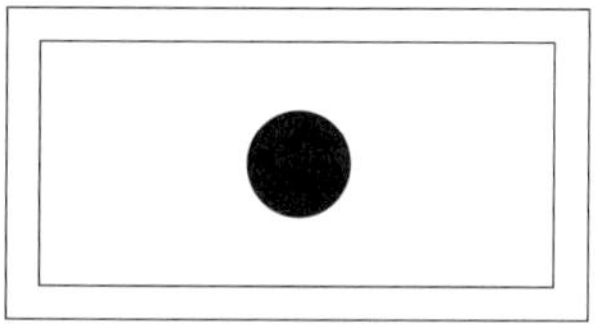

図10-5｜**大湯土版日の丸の旗の表象**

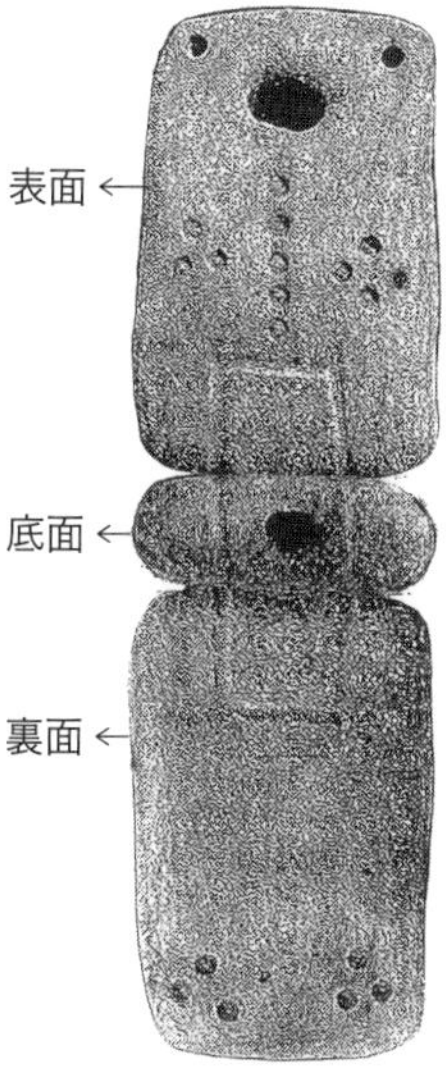

図10-3｜**大湯土版表裏底一面図**

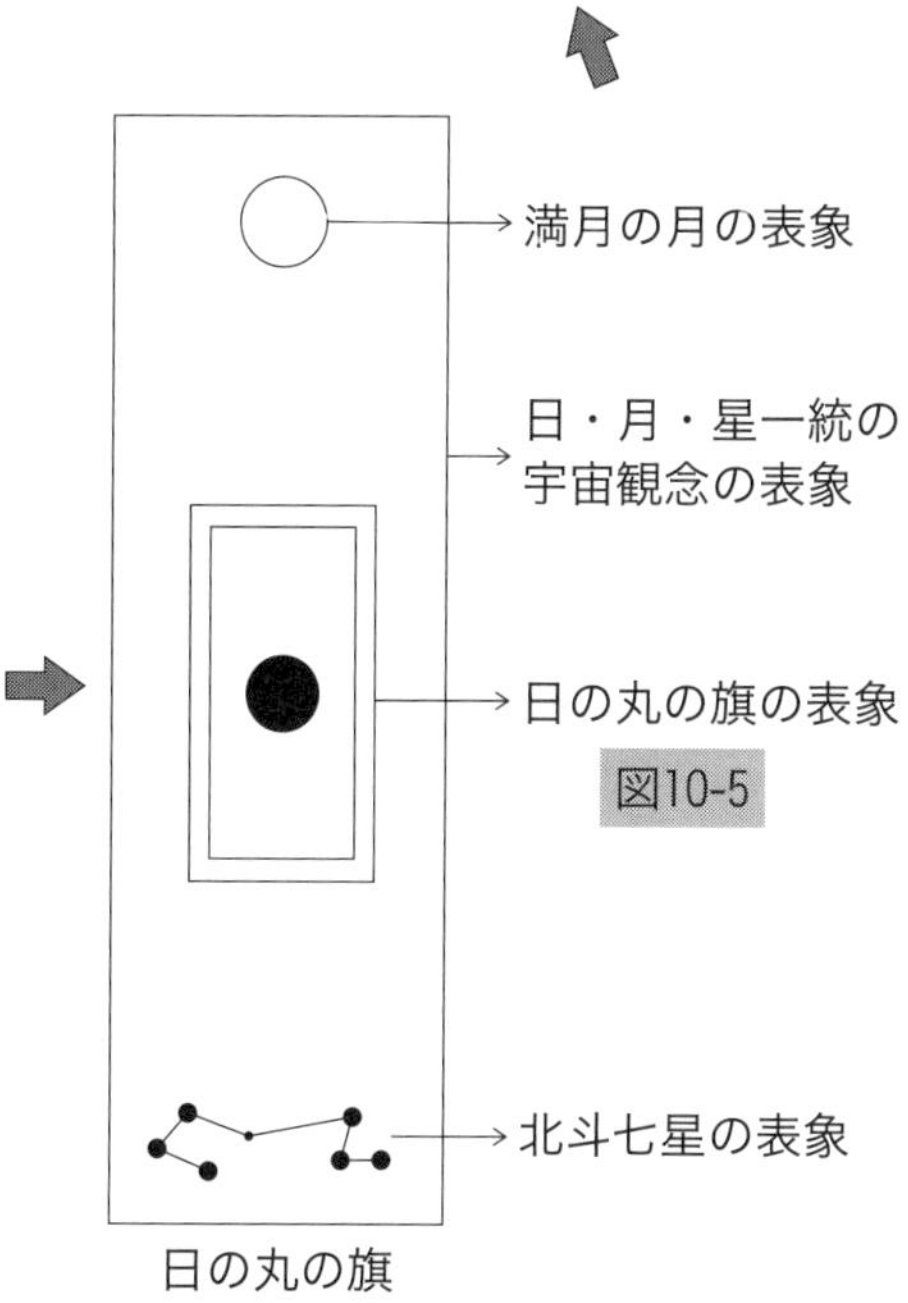

図10-4｜**大湯土版推理構成見取図**

旗の表象に、両端の上の大きな円形状は、満月の月の表象に、下の七つの円点は、北斗七星の表象にそれぞれ、見立てているから、宇宙の日・月・星辰の日夜の一統の理念がされていると思われる。

また、日神・月神・星神三位一体を同時に信仰した太陽と月に依存する各種の日本の神話や伝説は、宇宙の縮図に見立てる大湯土版（図10－3、図10－4）に表象されたシンボライズである日の丸の太陽と満月の月のことではないであろうか。

日の丸の歴史は、多様な説があるが、理念的、具象的な存在は、すでに縄文時代の大湯土版の模様構成にあったのではないであろうか。

大湯土版推理構成見取図（図10－4）に示された日の丸の旗（図10－5）のイメージこそ、日本の最も古い時代の日の丸の旗の原初的な存在ではないであろうか。

また、大湯土版の潜在的な日の丸の旗の模様（図10－3）をもとにして日章旗のルーツをさかのぼるのは、不条理な発想ではないかと危惧している。どうぞ、探求の本意をお汲みいただければ幸いである。

あとがき

縄文時代の大湯土版に示されていた社会通念は、古代中国の「天人合一」の考え方とよく類似しているのではないだろうかと思われる。

荘子に「人與天一也《にんよてんいちや》」（『荘子・山木』より）という言葉があり、「天人合一《てんじんごういち》」の意味合いである。天とは自然宇宙、人は人間のことで、つまり、人と自然、宇宙を一つの整合性のある統一体とする天人合一の思想概念で、古代中国文明のキーワードである。宇宙間の万物は、運動で地球に働きかけていて、地球上の万物は、運動で人類に働きかける。さらに人類の変化は、またも、社会の発展に影響を及ぼす。これは、古代中国でもっとも重要視されている天人合一という世界観であろう。

これで、縄文時代の秋田大湯土版に表象されていた日・月・星座、天円地方、陰陽五行、天文現象等々の文化・文明の要素およびその内包は、縄文人社会の天人合一、神人一体の思想概念で、宇宙観の表現であったと思われる。しからば、天人合一の思想概念のもとで、多方面な角度、視点から大湯土版を観察し、表裏に見え隠れしていた文化・文明の要素を取り上げながら、古代文明の起源に関しては、想像的、推理的に解読を試して本書に取り組んできたが、大湯土版の文化・文明の深さと広さの前では、力のなさを切に感じた。

この度、6年間かけて、縄文文化・文明の研究に取り組むに当たって、一つは、昔、習っていた中国伝統医学（中医学・東洋医学）や中国伝統医学に詳しい医者である父親からの影響が、大湯土版を通して、縄文文化・文明を研究する上で、一翼を担うことになってきた。したがって、中国伝統文化の核心的な要素は、物事の変化規律や物事の相互関連の研究にあるから、このことは、つまり陰陽五行という思想概念の本意である。すなわち、陰陽は物事の変化を述べていて、五行は物事の関連を指している。言うまでもなく、陰陽五行、天人合一の思想概念は、東洋医学の真髄であるから、大湯土版にあった縄文文化・文明の要素と思われる模様を考えるに当たって、そこから得られたヒントは少なくない。このように縄文文化を身近に感じたことは、思いもかけないことであった。また、大湯土版にあった模様や形状を探索しようとした際に、その他の地域古代文化・文明とも関わることができて解読につながることもあった。大湯土版は、古代文化・文明の一つの原初的な存在かもしれない。

時を重ねる。2018年8月5日午後2時頃だが、天気は曇りで、秋田県鹿角市十和田の縄文時代大湯環状列石遺跡現地の大湯ストーンサークル館にて、ガラスケースを通して大湯土版と初対面を果たした。大湯土版は、私を待っているかのように無言のままで（もちろん）、微笑んだように純朴な生き生きとした少年の顔が見えた。4000年の時空を超えて、その瞬間、ゼロ距離に変えられて極めて感慨無量の時であった。残念ながら手で触れることはできず、もし触れることができたら、きっと意外な感情、感性が得られることになったのであろう。その後、3時間ほどかけて二つの遺跡である野中堂環状列石と万座環状列石を巡り巡って、かつて、情緒豊かな遠古時代の地中に埋蔵されている・空中に漂っている縄文文化・文明の理念を帯びる気・素粒子を感応と思い（量子意識情報のフィールド）、縄文時代への旅路の未練を抱きながら、降ったり止んだりの小雨の中、4000年ほど前にここの大地に鎮座していた大湯土版に惜別したのである。

また、日本大学在学中に、小澤富夫先生の日本思想史の講義を受けて、初めて日本思想、サムライ精神に関する学問に触れることができた。約1万3000年間も続いて使われていた、現代日本語の中の訓読みの祖語・祖形かもしれない「縄文語」のもとで、争いの少ない融和社会であろうと縄文時代は、主に狩猟・採集・漁労の生活を営む縄文人性格の形成に縄文語は、大きな影響を与えたのではないかと考えるようになった。今日の「察しの文化」や「お願いの文化」、または、普段からの〝日常の五心〟（⑬・226頁）という言葉の原点だと思う。その源流を知りたいことが、今の私の縄文文化・文明への探索が大湯土版をもって始まったということができる。

また、在学中に日本文化の一つの例として〝回覧板〟をテーマに取り上げてレポートを書いた。日本のユニークな文化である〝回覧板〟の存在は、果たす行政や地域連帯の役割、人と人とのコミュニケーション構築の促進が、実にすばらしい和の精神の体現であると感銘させられた。また、東洋医学の元祖的な存在の専門書である『黄帝内経《こうていないきょう》・霊枢経《れいすうきょう》』(⑭・226頁)に〝令和〟については、「寫者迎之《しゃしゃげいし》、補者随之《ほしゃずいし》、知迎知随《ちげいちずい》、気可令和《きかれいわ》」と記す。すなわち、人間をはじめ、各種の事象に対して、抑えることや補うことを知ることで、気(活力源)は、和《なご》やかに令《みちび》かれて、可《おこな》えると令和《れいわ》である。このような令和の理念表現もあるのだが、融和社会と言われている縄文人時代は、こちらの「気可令和」という理念をも持っていたかもしれない。

本書を上梓するにあたり、多くの方々の支援のもとで、日の目を見ることができたと思う。なお、毎年、小澤富夫先生から、古典思想的な短文入りの賀状をいただいた。言語学者の天理大学の阪本秀昭先生、元奈良市立中学教員・現陶芸家の梅田幸二先生に、本書にもご助言をいただき、そして、また、多くの方々と縄文文化を話題に共有し、討議していただいた。皆様に心より、感謝申し上げる。また、ひとえに縄文文化研究のきっかけを作ってくださり、私を縄文時代の学問領域に導き、執筆上のご教示、資料をいただき、本書の題字・序文を書いていただいた古代文化研究家、紅山文化古玉収集家、書道家、教育家・中川寿郎先生、お世話になったご夫人の中川千鶴子女士に厚くお礼申し上げる。
本書の出版にあたって、東京図書出版の中田典昭社長と和田保子編集次長には大変お世話になった、謝してお礼申し上げる。

本文中で多くの方々の研究成果、貴重な文献史料などを参考にさせていただいたが、紙面上の都合で、その典拠等を詳細に記載できないが、ご容赦いただくようお願い申し上げたい。

本書が、日本の縄文文化・文明を考える一つの視点として参考にしていただければ幸いの至りである。

２０２４年９月22日　秋分の日・自宅にて・擱筆

ろ　かげと

参考文献

『特別史跡・大湯環状列石総括報告書』秋田県鹿角市教育委員会　２０１７年
秋元信夫『石にこめた縄文人の祈り――大湯環状列石』新泉社　２００５年
中川寿郎『世界最古の紅山古玉――神秘な輝きと日本人のルーツ』京阪奈情報教育出版　２０１６年
高田真治訳注　後藤基巳訳『易経上・下』岩波書店　１９６９年
藤堂明保監修・訳『論語　中国の古典１』学習研究社　１９８８年
池田末利『尚書』集英社　１９８０年
福永光司『荘子』中央公論社　１９６４年
森三樹三郎『老子・荘子』講談社　１９９４年
町田三郎『呂氏春秋』講談社　１９８７年
上野誠『体感訳　万葉集』ＮＨＫ出版　２０１９年
本居宣長『訂正古訓古事記』永田文昌堂　１８７１年
小澤富夫『戦国武将の遺言状』文藝春秋　２０１０年
道方しのぶ『日本人のルーツ探索マップ』平凡社　２００５年
トム・ジャクソン著　緑慎也訳『「数」はいかに世界を変えたか』創元社　２０２０年
小林達雄監修『縄文の力』平凡社　２０１３年

谷口康浩『縄文文化起源論の再構築』同成社　２０１１年
藤尾慎一郎『縄文論争』講談社　２００２年
山田康弘『縄文人がぼくの家にやってきたら!?』実業之日本社　２０１４年
山田康弘『縄文時代の歴史』講談社　２０１９年
大島直行『縄文人の世界観』図書刊行会　２０１６年
関裕二『縄文文明と中国文明』ＰＨＰ研究所　２０２０年
上田篤『縄文人に学ぶ』新潮社　２０１３年
瀬川拓郎『縄文の思想』講談社　２０１７年
瀬口眞司、永野仁、岡田憲一、狭川真一『縄文人の祈りと願い』ナカニシヤ出版　２０１３年
小熊博史『縄文文化の起源をさぐる』新泉社　２００７年
柴崎博光『縄文の血族・古代人からのメッセージ』日新報道　２００２年
能登健『列島の考古学・縄文時代』河出書房新社　２０１１年
武藤康弘監修　譽田亜紀子取材・文『はじめての土偶』世界文化社　２０１４年
大谷幸市『図説　縄文人の知られざる数学　一万年続いた縄文文明の正体』彩流社　２０１７年
小泉保『縄文語の発見』青土社　２０２１年
大林太良ほか編『世界神話事典』角川書店　１９９４年
夏鼐著　小南一郎訳『中国文明の起源』日本放送出版協会　１９８４年
陸思賢著　岡田陽一訳『中国の神話考古』言叢社　２００１年
何新著　後藤典夫訳『神々の起源・中国遠古神話と歴史』樹花舎　１９９８年

袁珂著　鈴木博訳『中国神話・伝説大事典』大修館書店　１９９９年
アリス・ミルズ監修　荒木正純監訳『世界神話大図鑑』東洋書林　２００９年
戸川芳郎『古代中国の思想』岩波書店　２０１４年
山下克明『陰陽道の発見』ＮＨＫ出版　２０１０年
長田なお『陰陽五行でわかる日本のならわし』淡交社　２０１８年
武光誠監修『すぐわかる日本の呪術の歴史』東京美術　２００１年
ヴァンサン・ゴーセール　カロリーヌ・ジス共著、松本浩一監修『道教の世界』創元社　２０１１年
深澤瞳「禹歩・反閇から身固めへ―日本陰陽道展開の一端として―」『大妻国文』第43号　大妻女子大学国分学会　２０１２年
工藤元男「禹の伝承をめぐる中華世界と周縁」『岩波講座世界歴史3　中華の形成と東方世界』岩波書店　１９９８年
金光仁三郎『ユーラシアの創世神話〈水の伝承〉』大修館書店　２００７年
中村修也『日本神話を語ろう』古川弘文館　２０１１年
安田喜憲編著『山岳信仰と日本人』ＮＴＴ出版　２００６年
埼玉県国語教育研究会編『読みがたり埼玉のむかし話』日本標準　２００５年
安田喜憲『日本神話と長江文明』雄山閣　２０１５年
水野祐『勾玉』学生社　１９９２年
草下英明『星座の楽しみ』社会思想社　１９６９年
伊藤武美編『増補諸宗　仏像図彙』八幡書店　２００５年

イワクラ（磐座）学会編著『イワクラ――巨石の声を聞け』遊絲社　２００５年
堀田總八郎『縄文の星と祀り』中央アート出版社　１９９７年
近藤二郎『わかってきた星座神話の起源――古代メソポタミアの星座』誠文堂新光社　２０１０年
榎本出雲、近江雅和『消された星信仰・縄文文化と古代文明の流れ』彩流社　１９９５年
奈良文化財研究所研究報告第16冊『キトラ古墳天文図星座写真資料』独立行政法人国立文化財機構・奈良文化財研究所　２０１６年
中村士『古代の星空を読み解く――キトラ古墳天文図とアジアの星図』東京大学出版会　２０１８年
天文年鑑編集委員会（編）『天文年鑑　２０２２年版』誠文堂新光社
藤井旭『星座大全――春の星座』作品社　２００３年
早水勉『星空の教科書』技術評論社　２０１７年
森浩一『巨大古墳――前方後円墳の謎を解く』草思社　１９８５年
右島和夫　千賀久『列島の考古学・古墳時代』河出書房新社　２０１１年
松木武彦『考古学から学ぶ古墳入門』講談社　２０１９年
近藤義郎『前方後円墳に学ぶ』山川出版社　２００１年
永田耕作編訳「鄂倫春（オロチョン）族」『中国のむかし話2』偕成社　１９９０年
村松一弥編訳『苗族民話集　中国の口承文芸2』平凡社　１９７４年
松村武雄編　伊東清司解説『中国神話伝説集』社会思想社　１９９０年
王敏『禹王と日本人』ＮＨＫ出版　２０１４年

公益社団法人日本フォークダンス連盟監修『知ろう！　おどろう！　日本のおどり』鈴木出版　２０１３年
暉峻康隆『日の丸・君が代の成り立ち』岩波書店　１９９１年
司馬遷『史記』岳麓書社出版　２０１６年
王永寛『河図洛書探秘』河南人民出版社　２００６年
銭益中　韓連国『紅山古玉』上海書画出版社　２００７年
郎紹君　劉樹杞『中国造形芸術辞典』中国青年出版社　１９９６年
唐頤『図解河図洛書』陝西師範大学出版社　２０１０年
賀華章『図解周易大全』現代出版社　２０１４年
閃修山等編『南陽漢代画像石刻』上海人民美術出版社　１９８１年
陳兆複『古代岩画』文物出版社　２００２年
『漢画里的故事』河南人民出版社　１９８１年
劉永勝　王長江『紅山古玉文化研究』宗教文化出版社　２００４年
田海「吉県柿子灘岩画中的原始崇拝」『滄桑』２０１４年01期
李世康『彝巫列伝』雲南人民出版社　１９９５年
北京中医学院主編『中医学基礎』上海科学技術出版社　１９７８年
南京中医学院医経教研組編著『黄帝内経素問訳釈』上海科学技術出版社　１９５９年
『黄帝内経・霊枢経』人民衛生出版社影印　１９５６年
北京中医医院、北京中医学校編『実用中医学』北京人民出版社　１９７５年

葛洪・晋時代巽『葛洪肘後備急方』人民衛生出版社影印　１９８２年
李顥「北方跨境民族赫哲――那乃射日神話比較研究」『内蒙古民族大学学報』２０１７年０４３巻００５期
張沢洪「論道教的歩罡踏斗」『中国道教』２０００年第４期
李潤英、陳煥良注釈『山海経』岳麓書社出版　２０１６年
朱活『古銭新探』斉魯書社出版　１９８４年
蘇秉琦『中国文明起源新探』遼寧人民出版社　２０１９年

―外部リンク・中国―

［１］「柿子灘遺址」(48頁)　https://baike.baidu.com（百科百度）
［２］「河図与陰陽五行図」(85頁)　http://blog.sina.com.cn（新浪博客）
［３］「印度神話人首蛇身交尾図」(93頁)　www.tencet.com（騰訊）
［４］「北斗九星图片」(126頁)　https://baike.baidu.com（百科百度）
［５］「北極星図片」(129頁)　www.sohu.com（捜弧）
［６］「北斗七星〝历〟(暦)」(143頁)　www.sohu.com（捜弧）
［７］「地壇与天壇区別図」(170頁、170頁)　http://blog.sina.com.cn（新浪博客）
［８］「禹歩的走法详解图片」(191頁、196頁、196頁)　http://m.baidu.com（百度一下）

主要取材先

秋田県鹿角市教育委員会・大湯ストーンサークル館
宮崎県日向市大御神社、鵜戸神社
宮崎県日向市西臼杵郡天岩神社、関連天岩戸五社、高千穂神社
宮崎県延岡市北川総合支所地域振興課
岡山県倉敷市由加神社本宮
兵庫県淡路市伊弉諾神宮
島根県出雲市出雲大社
大阪府堺市博物館
大阪府交野市星田妙見宮
奈良県立図書情報館
奈良市立図書館
天理市立図書館
奈良県奈良市元興寺
奈良県斑鳩町法輪寺妙見堂
奈良県山添村いわくら文化研究会

奈良県桜井市埋蔵文化財センター・桜井市観光協会
奈良県高市郡明日香村飛鳥資料館
奈良県橿原市博物館
奈良県立橿原考古学研究所
奈良県葛城市當麻寺
奈良県五條市賀名生の里歴史民俗資料館
天理大学附属天理図書館
天理大学附属天理参考館
長野県善光寺
長野県茅野市尖石縄文考古館
青森県三内丸山遺跡センター
青森県立郷土館
岩手県立博物館
岩手県教育委員会生涯学習文化財課
北海道苫小牧市教育委員会
埼玉県北葛飾郡松伏町総務課
岐阜県下呂市教育委員会・金山町観光協会
図1－1、図1－3、図1－4、図1－5、図1－6、図1－14・秋田県鹿角市教育委員会提供
その他、各地縄文関連遺跡

脚注

①紅山文化《こうざんぶんか》（1頁）

中国河北省北部から内モンゴル自治区東南部、遼寧省西部に紀元前5000年頃〜前2900年頃に存在した文化。天に満ちる星々のような古代中国文明起源の一つ。紅山文化の名は、内モンゴル自治区の赤峰市で発見された紅山後遺跡に由来する。

②八卦《はっけ》（36頁）

古代中国の帝王・伏義が考案したと伝えられる易の中で、自然界の現象を八つの象（先天八卦）に分類したものである。

③周易《しゅうえき》（39頁）

古代中国の周の時代に作成された卜術の一つ、「易経」という古典に照らし合わせて解釈される。

④夏王朝《かおうちょう》（39頁）

司馬遷の『史記』に記された中国最古の王朝。約4000年前頃。

⑤禹王《うおう》（75頁）

禹・禹王は、古代中国伝説の帝で夏王朝の創始者。別称は大禹、治水の聖人。禹王の末裔の姓は夏、禹、楼、魯、鮑、包、越、曾、司馬、夏候、杞、候、竇、費、欧陽、区、戈、相、党、巣、譚、扈、司空、娄、姒、欧などがある。

⑥造化三神《ぞうかさんしん》（132頁）

古事記神話で、国土・人間・万物を創造したという三柱の神。

⑦渾天説《こんてんせつ》（132頁）

古代中国の宇宙構造理論。天は、鶏の卵殻のように球形であり、地は、卵黄のように位置、天は大きく地は小さいとする。

⑧混沌思想《こんとんしそう》（132頁）

物事は、混乱、無秩序な一面がありながら、内部統制された規則、秩序な分野が保有している。『荘子』には、次のようにある。「目、鼻、耳、口の七孔が無い、三つの帝の中央の帝として混沌（渾沌）である。南海の帝と北海の帝は、混沌の恩に報いるため、混沌の顔に七孔を空けたところ、混沌は、死んでしまった」（「荘子」内篇應帝王篇第七）。しかるに、物事に対して無理に道理をつけることは「混沌の顔に七孔を空ける」と等しい。

⑨豨韋《きい》（132頁）

伝説上の中国遠古時代の帝王の名、もしくは一氏族の名。

⑩混沌《こんとん》（渾沌）（132頁）

天地創造の神話で、天と地が分かれず、まじりあっている状態。カオス。

⑪舜《しゅん》（約紀元前2187年〜約紀元前2067年）（135頁）

舜・舜帝は、中国神話に登場する君主。五帝の一人。

⑫良渚文化《りょうしょぶんか》（約紀元前2500年）（168頁）

中国、長江下流域の新石器時代末期の文化。浙江省良渚鎮遺跡から名付けられた。

⑬日常《にちじょう》の五心《ごしん》（213頁）

一、「はい」・素直な心

一、「すみません」・反省の心　　一、「おかげさま」・謙虚の心

一、「私がします」・奉仕の心　　一、「ありがとう」・感謝の心

⑭黄帝内経《こうていないきょう》・霊枢経《れいすうきょう》（214頁）

紀元前200年頃〜前220年頃にかけて編纂されたと推定される、中国最古の医学書。

ろ　かげと

1956年生まれ
中国伝統医学整体療法院長
古代浪漫探索会・世話人

筆者

2018年８月５日15時30分
秋田県鹿角市大湯環状列石野中堂環状列石にて

— *Special Thanks* —

▪ 題字

中川　寿郎（ナカガワ　トシロウ）

1935年生まれ

元・全国大学書道学会会員

現・日本古代文化研究会会員

縄文秋田大湯土版に秘められた

縄文人の宇宙観と古代文明の起源

2025年2月26日　初版第1刷発行

著　　者　ろ　かげと

発 行 者　中 田 典 昭

発 行 所　東京図書出版

発行発売　株式会社 リフレ出版

〒112-0001　東京都文京区白山 5-4-1-2F

電話 (03)6772-7906　FAX 0120-41-8080

印　　刷　株式会社 ブレイン

ISBN978-4-86641-648-9 C0095

Printed in Japan 2025